ÍNDICE

PARTE DOS: PODEMOS SER PACIENTES POR QUIÉN ES EL SEÑOR

ORACIONES DIARIAS

— PARA RECIBIR —

PACIENCIA

Regala a tus hijos, y a ti, la gracia de crecer

BROOKE McGLOTHLIN

WHITAKER
HOUSE
Español

Traducción al español por:
Belmonte Traductores
www.belmontetraductores.com

Edición: Ofelia Pérez

Oraciones diarias para recibir paciencia
Regala a tus hijos, y a ti, la gracia de crecer

ISBN: 979-8-88769-076-6
eBook ISBN: 979-8-88769-077-3
Impreso en los Estados Unidos de América
©2023 por Brooke McGlothlin

Whitaker House
1030 Hunt Valley Circle
New Kensington, PA 15068
www.whitakerhouseespanol.com

Por favor, envíe sugerencias sobre este libro a: comentarios@whitakerhouse.com.

1 2 3 4 5 6 7 8 9 10 11 ꟿ 30 29 28 27 26 25 24 23

PRÓLOGO

Creo que la conversación fue algo así:

"Oye Brooke, ¿cuál es el tema del siguiente devocional de *Oraciones diarias*?".

"El siguiente es sobre la paciencia, ¿quieres escribirlo tú?".

"Ni hablar", dije yo, "no lo escribiría ni aunque me pagaras un millón de dólares. ¿Quién lo escribirá entonces?".

"Yo lo haré", dijo Brooke, sonriendo ligeramente.

"Amiga, oraré por ti".

Tengo el presentimiento de que estarás pensando un par de cosas ahora mismo. En primer lugar, podrías pensar que soy menos espiritual por negarme a escribir este precioso libro que ahora mismo sostienes en tus manos. O tal vez pienses que podríamos ser mejores amigas e ir a tomar café juntas para orar por Brooke, mientras nos preguntamos en qué estaría pensando cuando accedió a escribir un libro sobre orar para pedir paciencia.

Bromas aparte, puedo decirte lo que Brooke estaba pensando porque la verdad es que la conozco bastante bien. Ella pensó: *Vaya, yo necesitaba este devocional hace dieciséis años atrás cuando era una mamá joven, criando a dos hijos pequeños e intentando sobrevivir al día a día.* Ella tiende a escribir libros que desearía haber leído ella misma en un momento u otro y, cuando lo hace, acaban siendo especiales porque vuelca su corazón entero en ellos. Este no es la excepción. Casi puedo garantizar que, si comienzas por el primer día y no lo dejas durante los treinta siguientes, verás un cambio importante para mejor en tu vida. Casi puedo garantizar también que serás probada en el camino.

¿Por qué lo sé? Sinceramente, es por la misma razón por la que no me ofrecí de forma voluntaria para escribir este libro devocional yo misma. Se encuentra en un par de versículos en Romanos:

> *Y no solo eso, sino que también nos gloriamos de nuestras aflic-ciones porque sabemos que la aflicción produce paciencia, la paciencia prueba nuestro carácter, y el carácter que ha sido pro-bado produce esperanza.*
>
> (Romanos 5:3-4, CSB, traducción libre)

¿Ves la palabra *paciencia* en el texto? En la versión *El Mensaje* (*The Message* en inglés, MSG) se utiliza la expresión "paciencia apasionada". No estoy segura de poder decir que mi paciencia es apasionada, y ya ni hablemos de alegrarme en medio de las pruebas. Pero lo que sí puedo decir basándome en la experiencia personal es que Dios produce esta clase de paciencia a través de temporadas difíciles de sufrimiento que normalmente preferiríamos evitar. No puedo decir con seguridad por qué, pero parece que esa es la forma en que Dios actúa. Imagino que habrás oído decir que los caminos de Dios no son nuestros caminos. Esta es una de las verdades que tenemos que aceptar, simplemente confiando en ella y sabiendo que sus caminos son mejores, incluso cuando nuestros corazones impacientes desearían que fuera de otro modo.

Tal vez escogiste este libro porque eres una gran seguidora de Brooke McGlothlin y lees todo lo que ella escribe; yo soy parte de ese club. (¿Ves? Nuestra cita para tomar café está siendo más divertida con cada momento que pasa). O tal vez agarraste este libro porque tu paciencia está muy poco desarrollada; estás cansada de perderla, de sentirte frustrada y ver que tu corazón se angustia con cada temor que asoma la cabeza. Yo también, amiga.

¿Puedo redirigir tu atención a ese versículo arrollador de Romanos que mencioné antes? Esta es la promesa que se esconde en él: en ninguna parte de ese versículo dice que Dios se detiene contigo. Él sigue obrando, moviéndose y sosteniéndote mientras tú caminas o te arrastras por el sufrimiento; y, en el proceso, Él produce paciencia, carácter y esperanza. Ahora bien, la esperanza es algo que todas queremos y algo sobre lo que yo sé bastante. Parece que la paciencia y la esperanza tienen una dulce conexión: ambas se forjan en los momentos difíciles en los que la gracia de Dios abunda.

No se me ocurre una persona mejor que Brooke para caminar contigo en este proceso. Ella es honesta, amable, y siempre está dispuesta a ir delante. Será mucho mejor que escuches sus palabras durante los próximos treinta días en lugar de las mías; la verdad es que estaré sentada a tu lado, secándome las lágrimas, haciendo las mismas oraciones, y dándole las gracias a Jesús porque su paciencia conmigo es la razón de que yo tenga algo de esperanza.

Nos vemos al otro lado, amiga.

–Stacey Thacker
Autora de *Threadbare Prayer:*
Prayers for Hearts that Feel Hidden, Hurt, or Hopeless

INTRODUCCIÓN

ACERCA DE LA PACIENCIA

"Dales la oportunidad de crecer debido a esto".

Estas palabras están escritas en una nota adhesiva que está pegada permanentemente al monitor de mi computadora. La veo cada mañana y la miro de vez en cuando durante toda la jornada laboral. Se supone que era un recordatorio de mostrar gracia a mis hijos a medida que maduran y crecen, pero aplica a todas las relaciones que he tenido a lo largo de mi vida: familia, ministerio, escuela, comunidad... todas ellas. Todos estamos creciendo, y Dios está obrando en nuestras vidas en cada momento de cada día. El problema es que algunas veces las personas no crecen con toda la rapidez que nos gustaría, y Dios no siempre actúa cuando creemos que debería hacerlo.

En mi trabajo en Million Praying Moms (Un millón de mamás que oran) he tenido la oportunidad de coordinar muchos lugares de reunión en línea para grandes grupos de mujeres que son, al principio, completas desconocidas. La mayoría de ellas son creyentes, pero cada una tiene una historia de vida e incluso una denominación cristiana completamente diferente. Cada una ha caminado con el Señor durante un periodo de tiempo diferente.

¿Sabes lo que significa eso? Que hay mujeres en esos grupos que son muy maduras en su fe, han pasado por montañas y valles durante el transcurso de su caminar con Cristo, y confían plenamente en Él porque conocen profundamente su carácter. Pero también hay mujeres en los grupos que son nuevas en la fe. Su relación con Jesús es fresca y dulce, pero no conocen muy bien las Escrituras y no han caminado con el Señor lo suficiente para estar saturadas de su Palabra. Todavía no han tenido la oportunidad y el privilegio de que el Señor haya abierto sus ojos, y eso se nota por lo que dicen y el modo en que responden en el grupo.

Al principio, esto era problemático. Las creyentes veteranas eran duras con las nuevas cristianas, y las segundas no conseguían identificarse con las primeras.

Cuando me di cuenta de eso, comencé a presentar cada grupo con estas palabras: "Por favor, recuerden que como cristianas, todas maduramos a diferentes velocidades. Habrá cristianas en este grupo que están por detrás de ti en el camino, mientras que otras irán por delante. Muestren gracia". No sé por qué, pero este sencillo recordatorio es lo único que hace falta para hacer que la reunión sea más tranquila. Incluso he visto a creyentes maduras tomar a otras cristianas más nuevas bajo sus alas, para ayudarles a crecer en su fe en lugar de criticarles por tardar demasiado en crecer en ella.

La palabra *paciencia* conlleva la capacidad de aceptar y tolerar la demora, los inconvenientes o el sufrimiento sin enojarse o molestarse. Esto, en mi opinión, ¡se parece mucho a mi vida como mamá! ¿Cuántas veces al día es probada nuestra paciencia por medio de otra persona o por medio de la situación? ¿Cincuenta? ¿Cien? ¿Más? Durante el último curso escolar, mi hijo necesitó que yo le llevara unas medicinas a la escuela. Se rompió el dedo jugando al básquet, y el medicamento para el dolor que le habíamos dado en casa en la mañana no duró el día entero, pero debido a la normativa de la escuela tuve que dejar de trabajar, manejar hasta la escuela con un frasco nuevo de medicamento, y llenar unos documentos.

Los primeros minutos del camino en auto refunfuñé y me quejé, pero rápidamente el Espíritu Santo me detuvo y me hizo recordar que tengo el *privilegio* de poder hacer eso por mis hijos. Mi esposo y yo hemos sido intencionales al escoger una vida que me permite detener lo que esté haciendo para ocuparme de sus necesidades. Es un privilegio; y es lo que yo quería. Llegará el día en el que ya no me necesitarán del mismo modo que ahora. Eso me hace ver la paciencia en la crianza de los hijos de otra manera completamente diferente.

Hay un viejo chiste que dice: "No le pidas a Dios paciencia porque responderá poniendo la tuya a prueba". Hasta cierto punto, eso es verdad. No creo que Dios esté sentado por ahí en el cielo esperando para ponernos a prueba, pero ser padres (y la vida cristiana en sí misma) se construye sobre el fundamento de confiar en algo que no siempre vemos… un plan maestro que se va revelando poco a poco y a menudo tiene giros que no podemos predecir. Seré sincera: ¡el simple hecho de escribir este diario de oración me pone un poco nerviosa por lo que Dios va a enseñar a mi propia familia acerca de la paciencia!

No somos perfectos. Mi querida familia está en proceso igual que la tuya; te lo prometo. Esta misma mañana en el desayuno, antes de ir a la escuela, estaba hablando con mis hijos sobre Salmos 16:11. La primera parte del versículo dice: *Me mostrarás* [Dios] *la senda de la vida*. Mis dos hijos, recientemente han experimentado decepción. Ocurrió algo que esperaban que no ocurriera, o no sucedió algo que esperaban que sucediera. Comencé la conversación preguntándoles: "¿Cuántas veces permitimos que las circunstancias externas determinen cómo nos sentimos?". Después de pensar en ello un momento, los dos estuvieron de acuerdo en decir que eso es lo que ocurre la mayoría de las veces. Entonces leí Salmos 16:11 y les pregunté si creían que los planes de Dios para ellos eran de bien y que Él hará lo que prometió dándoles a conocer esos planes o caminos para sus vidas.

Fue bueno recordar que, incluso cuando las cosas no tienen sentido, se demoran, llegan acompañadas de dificultades o traen consigo sufrimiento, los planes de Dios siguen siendo buenos y podemos confiar en que Él nos mostrará por dónde ir en el momento oportuno. Incluso aunque decidamos desviarnos, Dios, como mi GPS, recalculará la ruta para llevarnos hasta donde tenemos que llegar. Él usa todo lo que ocurre en el camino, incluso nuestra desobediencia.

Mi esposo cerró la conversación comentando: "Eso significa que no deberíamos preocuparnos cuando algo no va como queremos, cuando alguien nos hace daño, o tomamos una decisión equivocada;

solo debemos tener paciencia. No tenemos que dejar que esas cosas determinen cómo nos sentimos acerca de nosotros mismos, porque sabemos que nuestro Dios sigue dirigiendo nuestros pasos".

Exacto.

Desearíamos tener todo el conocimiento que Dios tiene, así como la sabiduría necesaria para vivir la vida y darle la gloria a Él, y conocer el modo perfecto de ocuparnos de nuestros hijos sin tener que ser pacientes, pero ese no es el diseño de Dios. Nacimos con un propósito, pero, nos guste o no, nuestro propósito no siempre se trata de llegar a una meta. Se trata de vivir el día a día, el presente, enfrentando cada experiencia de la vida y la crianza de los hijos pensando así: "Dios me está guiando, y Él no ha terminado su obra. ¿Qué puedo aprender de esta experiencia para mantener a mi familia en el camino correcto y darle gloria a Él?".

Y *eso* sí que requiere paciencia.

Pasemos los siguientes treinta días juntas estudiando y orando, pidiéndole a Dios que nos ayude a ver lo que Él piensa acerca de cómo vivimos, cómo criamos a nuestros hijos y desarrollamos los músculos de la paciencia para que nuestras vidas y las de ellos sean hermosos reflejos de su gran paciencia para con nosotras. Los primeros quince días nos ayudarán a tener una idea más clara de qué es la paciencia bíblica, mientras que los quince días restantes nos ayudarán a entender mejor el carácter de Dios para que podamos confiar en sus tiempos perfectos para nuestras vidas y las de nuestros hijos.

Juntas,
Brooke McGlothlin

EL MÉTODO PIENSA, ORA Y ALABA PARA LA ORACIÓN DIARIA

Cuando comencé a orar por mis propios hijos, me inspiraron dos verdades importantes acerca de la Palabra de Dios:

1. *La palabra de Dios es viva y eficaz, y más cortante que las espadas de dos filos, pues penetra hasta partir el alma y el espíritu, las coyunturas y los tuétanos, y discierne los pensamientos y las intenciones del corazón.* (Hebreos 4:12, RVC)

2. Dios declara: *Así es también la palabra que sale de mi boca: No volverá a mí vacía, sino que hará lo que yo deseo y cumplirá con mis propósitos.* (Isaías 55:11, NVI)

Si estos dos versículos eran ciertos (y yo creía que sí lo eran), ¡me pareció que lo mejor que podía hacer era orar la Palabra de Dios! Debido a que esta experiencia fue tan profunda para mí, es la misma que he utilizado para enseñar a otras mujeres a orar. Yo lo llamo el método "Piensa, ora, alaba". No tiene ningún misterio, es simplemente una forma práctica y bíblica de orar declarando la Palabra de Dios sobre ti misma o sobre las personas a las que amas. También es el método que usamos en el diario de oraciones diarias de Million Praying Moms. Permíteme que camine contigo paso a paso.

PIENSA

En la página de cada día, te damos un versículo con el que puedes orar para que sea fácil seguir este método de oración. Sin embargo, siempre puedes buscar tú misma en las Escrituras algún versículo con el que quieras orar. Después de haberlo escogido, reflexiona sobre él, procésalo, y medita en tu versículo. Si tienes tiempo, lee algunos de los versículos que están antes y después del que has escogido, o incluso el capítulo entero de la Biblia, para que tengas el contexto adecuado y lo entiendas mejor. Piensa en lo que Dios te está hablando al corazón a través de su Palabra y a través de ese versículo. Sueña con el futuro y con lo que implicaría ver el mensaje de ese versículo hacerse realidad en tu propia vida o en las vidas de tus hijos. Analiza con sencillez el texto y descubre qué oraciones vienen a tu mente.

ORA

Mi deseo durante casi diez años ha sido dejar que mis oraciones sean inspiradas por la Palabra de Dios. Pongo mucho empeño en intentar no sacar versículos de contexto, o usarlos para un propósito o significado diferentes al que Dios tenían en mente para ellos. Leer los versículos en su contexto, como acabo de sugerir, ayuda mucho con esto. Una vez que he escogido un versículo, lo transformo en oración. Normalmente intento mantenerlo tal cual, palabra por palabra, lo máximo posible y después dirijo esa oración a Dios. Puedes ver un ejemplo del "Versículo del día" y la oración que sacamos de él en las páginas diarias de este libro.

Cuando tienes tu versículo y tu oración, utiliza los pensamientos que vienen a tu mente como punto de partida para que la Palabra de Dios te dirija y dé forma a tus oraciones.

ALABA

¡La alabanza es mi parte favorita de este método de oración! Alabar a Dios es como ponerte unos lentes de color de rosa: literalmente cambia tu modo de mirar el mundo que te rodea.

Ann Voskamp, autora de éxitos de ventas del *New York Times*, escribió lo siguiente:

Los valientes que se enfocan en todo lo bueno, en todo lo hermoso y en todo lo verdadero, incluso en las cosas pequeñas, dando gracias por ello y descubriendo el gozo del aquí y ahora, son los agentes de cambio que traen la luz más brillante a este mundo. Estar gozosa no es lo que te hace estar agradecida. Estar agradecida es lo que te hace estar gozosa.[1]

Cuando nos detenemos para reflexionar intencionalmente en las cosas buenas que Dios está haciendo en nuestra vida en este momento, todo cambia (me refiero incluso a las cosas más insignificantes que tenemos que esforzarnos para ver, como tener que limpiar para recibir a un grupo de estudio bíblico en casa).

Puede que no quieras limpiar, ¡pero al menos sabes que llegan personas para hablar contigo sobre la Biblia!. En lugar de enfocarnos en todo lo que no tenemos o lo que no nos gusta (como limpiar), la gratitud por lo que sí tenemos (estar con hermanos y hermanas en Cristo) florece en nuestros corazones, haciendo que estemos verdaderamente gozosas. Cada día intento escribir algunas cosas por las que estoy agradecida, alabando a Dios por su obra continua de gracia en mi vida.

BONO

Seguramente te has fijado en que las páginas diarias tienen unos espacios para hacer listas. Me encanta esa sección porque me he dado cuenta de que, cuando me siento a orar, mi mente se llena de todas las cosas que tengo que hacer en el día. Siempre me pasa. Todos los días. Siento que la urgencia de mi horario empieza a tomar el control, distrayéndome del tiempo en la Palabra de Dios y la oración que necesito tan desesperadamente. Apartar un minuto para anotar rápidamente mi lista de quehaceres antes de comenzar es como descargar todo lo que satura mi cerebro cada día. Si escribo la lista, ya no se me olvidará lo que tengo que hacer ese día, y eso me libera para poder emplear el

---

1. Ann Voskamp, *One Thousand Gifts: A Dare to Live Fully Right Where You Are* (Nashville, TN: W Publishing Group, 2010).

tiempo que he decidido pasar en oración sin que la preocupación me lo robe.

PETICIONES DE ORACIÓN

Interceder a favor de otros es parte de ser una mujer de oración. Mi vida cambió literalmente el día en que una buena amiga me agarró de las manos y me dijo: "Oremos por esto ahora mismo", en lugar de decir: "Estaré orando por ti". No siempre podrás orar por otros en persona, pero llevar un registro de sus necesidades en una lista de oración como la que encontrarás abajo a la izquierda de las páginas diarias es una buena manera de asegurarte de ser fiel para cubrirles en oración.

¡VE!

El camino de oración que tienes en tus manos me emociona mucho. Cada día comienza con un devocional que ha sido escrito específicamente para ti, y termina con algunos versículos y preguntas extra para reflexionar que son la manera perfecta de llevar tu estudio de la paciencia al siguiente nivel o compartirlo con un grupo. ¡A partir de ahora te consideramos parte de la familia de Million Praying Moms! (Un millón de mamás que oran).

Conecta con nosotras en www.millionprayingmoms.com y mantennos al día de las cosas que Dios está haciendo en tu vida mientras oras.

PARTE UNO

¿QUÉ ES LA PACIENCIA BÍBLICA?

Día 1

LA PACIENCIA REQUIERE CONOCER A JESÚS

Antes bien, creced en la gracia y el conocimiento de nuestro
Señor y Salvador Jesucristo. A él sea gloria ahora y hasta el día
de la eternidad. Amén.
—2 Pedro 3:18

Di a luz a mi primer hijo cuando tenía veintisiete años. Mi segundo hijo, que llegó tan solo veintitrés meses después, nació cuando yo tenía veintinueve. Recuerdo que mi cuñada, que me conoce desde que era pequeña y tiene unos diez años más que yo, me dijo: "Brooke, no me puedo creer que tengas edad suficiente como para tener un bebé". Pero la tenía. Mi esposo y yo llevábamos casados un poco más de dos años cuando nos enteramos de que yo estaba embarazada, y di a luz justo antes de nuestro tercer aniversario. Me había graduado de la universidad, había hecho un posgrado e incluso había tomado algunas clases pensando en hacer un doctorado (ese plan no continuó porque dicho bebé hizo a mamá tener tantas náuseas, que no pudo completar los trabajos). Yo trabajaba a tiempo completo en un ministerio de cuidado para mujeres embarazadas, y entre los dos ganábamos suficiente para vivir... con el apoyo de los amigos y la familia era más que suficiente. Teóricamente, estaba lista para tener hijos.

Mi madurez como cristiana, sin embargo, es otra historia. Tomé la decisión de seguir a Jesús cuando tenía solo nueve años, y decidí empezar a caminar muy cerca de Él cuando tenía veintiuno. Para cuando nacieron mis hijos, me había desarrollado y había madurado como creyente; pero tenía carencias importantes en cuanto a las habilidades espirituales necesarias para defenderme de las mentiras que el enemigo me lanzaba cuando la maternidad fue mucho más difícil de lo que esperaba.

No, ser mamá no fue fácil para mí. Y siendo sincera, sigue sin serlo. Yo fui una hija obediente porque me gustaba agradar a mis padres; me esforzaba por obtener buenas calificaciones sin que me lo dijeran. No me malentiendas; tampoco era un ángel. Estoy segura de que si le preguntas sobre todo a mi mamá, ella podría contarte algunas historias sobre mis quejas, mi pereza o mi desobediencia; pero, por lo general, fui una niña bastante buena.

A mí, sin embargo, Dios no me dio hijos obedientes. Mis dos hijos son buenos y aman a su familia; pero ninguno de los dos es lo que se suele llamar obediente. Cuando eran pequeños, fue muy difícil tratar con ellos.

PARA PENSAR

En mi libro *Unraveled* describí mi experiencia durante los primeros años de vida de mis hijos de esta manera:

A menudo mis hijos me hacían sentir agotada, cansada, y a veces hasta un poco fracasada. Mi voz interna, esa que disfruta apareciendo y mostrándome todos mis fallos y defectos, se lo pasaba en grande diciéndome que nunca daría la talla como mamá.[2]

La mayoría de los días me iba a la cama sintiendo que no era la mamá que quería ser. La realidad es que, para empezar, no sabía mucho sobre ser mamá, pero sí sabía algo que me daría ánimo y me ayudaría a convertirme en la mamá que quería ser: si quería mejorar, solo podría hacerlo conociendo mejor a Jesús. Él tenía todas las respuestas a mis preguntas.

---

2. Stacey Thacker y Brooke McGlothlin, *Unraveled: Hope for the Mom at the End of Her Rope* (Eugene, OR: Harvest House Publishers, 2022), p. 15.

✦ *¿Cómo sobrevivo a los niveles desorbitados de ruido en la casa siendo extremadamente introvertida?*

Conociendo mejor a Jesús y dejando que Él me cambie de dentro hacia afuera.

✦ *¿Cómo enseño a mis hijos a respetarme y a respetar a las personas con las que interactúan?*

Conociendo mejor a Jesús y dejando que Él me cambie de dentro hacia afuera.

✦ *¿Cómo ayudo a mis hijos a llevarse mejor entre ellos?*

Conociendo mejor a Jesús y dejando que Él me cambie de dentro hacia afuera.

✦ *¿Cómo puedo mostrar compasión a mis hijos cuando se equivocan en lugar de enojarme con ellos?*

Conociendo mejor a Jesús y dejando que Él me cambie de dentro hacia afuera.

✦ *¿Cómo puedo aprender a dejar a un lado mis propias necesidades para suplir mejor las suyas?*

Conociendo mejor a Jesús y dejando que Él me cambie de dentro hacia afuera.

✦ *¿Cómo puedo preparar otra comida, lavar otra colada de ropa, o limpiar el piso una vez más?*

Conociendo mejor a Jesús y dejando que Él me cambie de dentro hacia afuera.

No intento decir que puedes abrir tu Biblia y encontrar la fórmula exacta para controlar el ruido de tu casa o la receta para una cena cuando se te acabaron todas las ideas. Lo que *sí* quiero decir es que la paciencia que necesitas para sobrevivir y crecer en esos momentos de la maternidad viene de tu deseo de *[crecer] en la gracia y el conocimiento de nuestro Señor y Salvador Jesucristo* (2 Pedro 3:18). Comienza por ahí. En serio, no vayas a ningún otro lugar para conseguir lo que necesitas; simplemente desarrolla tu relación con Jesús, y eso será suficiente.

MÁS VERSÍCULOS PARA ESTUDIAR Y ORAR

2 Pedro 1:3, 1:8

VERSÍCULO DEL DÍA

Antes bien, creced en la gracia y el conocimiento de nuestro Señor y Salvador Jesucristo. A él sea gloria ahora y hasta el día de la eternidad. Amén. —2 Pedro 3:18

ORACIÓN

Padre, confieso que desearía que nos hubieras dejado una lista paso a paso para criar hijos obedientes. A veces me gustaría que me dijeras en voz audible cómo tener lo que necesito para ellos cada día, especialmente en los días difíciles cuando siento que mi paciencia se ha acabado. Siento que necesito mucho más de lo que tengo, pero, al final, lo que necesito (a *quien* necesito) es a ti. Necesito más de ti. Dame el deseo de conocerte más y hazme crecer en gracia. En el nombre de Jesús, amén.

PIENSA

ORA

ALABA

_____

_____

_____

PENDIENTES   **LISTA DE ORACIÓN**

_____   _____

_____   _____

_____

PREGUNTAS PARA UNA REFLEXIÓN MÁS PROFUNDA

1. ¿Realmente crees que Jesús tiene todas las respuestas que necesitas? En ese caso, ¿en qué momento tomaste esa decisión? ¿Recuerdas cuándo ocurrió?

_____

_____

2. Si no estás convencida de que Jesús tiene todas las respuestas, tómate un tiempo para descubrirlo. Define tu respuesta hoy, antes de avanzar, porque es una de las decisiones más importantes que tomarás en tu vida.

_____

_____

Día 2

LA PACIENCIA REQUIERE CONOCER EL PRECIO DE LA SALVACIÓN

Pero por esto fui recibido a misericordia, para que Jesucristo mostrase en mí el primero toda su clemencia, para ejemplo de los que habrían de creer en él para vida eterna.
—1 Timoteo 1:16

Cuando tenía veintidós años comencé mi primer trabajo a tiempo completo en el ministerio. No recuerdo mi cargo con exactitud, pero era básicamente coordinadora de los servicios de consejería de un centro para mujeres embarazadas en crisis en Staunton, Virginia. Dividía mi tiempo entre animar, orar y entrenar a las consejeras no profesionales que servían a las mujeres con embarazos críticos en ese lugar y en la oficina de Waynesboro.

Lo que más me gustaba de mi trabajo era orar con las voluntarias antes de que comenzaran sus turnos. No podría contarte lo mucho que aprendí acerca de la oración en ese tiempo, tanto al orar por las mujeres que estaban en primera línea de trabajo, como al recibir sus oraciones cuando me cubrieron en el año en el que me iba a casar. Durante ese primer año de trabajo a tiempo completo, mientras terminaba mis estudios universitarios, me di cuenta de la importancia de pasar tiempo diario con el Señor en su Palabra y en oración. Solo hicieron falta unos meses de trabajo, volcándome en los demás una y otra vez, para darme cuenta de que era imprescindible apartar tiempo para llenarme de nuevo de la Palabra de Dios. Así comenzó mi hábito de por vida de buscar a Dios en oración y pasar tiempo en su Palabra cada mañana.

Una mañana en particular, antes de irme a trabajar, acabé en 1 Timoteo. Tan solo unos cuantos años atrás había leído el Nuevo Testamento completo como parte de una asignatura optativa en Virginia Tech para completar mi grado. Desde entonces, había estado leyendo de nuevo los libros del Nuevo Testamento. Recuerdo que me había enamorado de las cartas de Pablo a Timoteo. Yo era una joven ministra en ese momento y me identificaba con Timoteo, que siendo muy joven intentaba seguir el plan de Dios para su vida. Abrí las páginas de mi Biblia, leí por encima los primeros versículos de la primera carta de Pablo a su joven amigo… y me detuve en seco cuando llegué a los versículos 12-17 del primer capítulo:

Doy gracias al que me fortaleció, a Cristo Jesús nuestro Señor, porque me tuvo por fiel, poniéndome en el ministerio, habiendo yo sido antes blasfemo, perseguidor e injuriador; mas fui recibido a misericordia porque lo hice por ignorancia, en incredulidad. Pero la gracia de nuestro Señor fue más abundante con la fe y el amor que es en Cristo Jesús. Palabra fiel y digna de ser recibida por todos: que Cristo Jesús vino al mundo para salvar a los pecadores, de los cuales yo soy el primero. Pero por esto fui recibido a misericordia, para que Jesucristo mostrase en mí el primero toda su clemencia, para ejemplo de los que habrían de creer en él para vida eterna. Por tanto, al Rey de los siglos, inmortal, invisible, al único y sabio Dios, sea honor y gloria por los siglos de los siglos. Amén.

PARA PENSAR

¿Alguna vez te ha pasado que estabas leyendo la Palabra de Dios y sentiste que un mensaje era para ti? Así es como me sentí yo cuando leí las palabras de Pablo aquella mañana. Los pecados de mi pasado vinieron rápido a mi mente, y tuve una nueva revelación de lo mucho que le costó a Dios perdonarme; y de cuánto tuvo que perdonarme. Verdaderamente soy una de las peores pecadoras. Amiga, tú también lo eres. Todos necesitamos desesperadamente un Salvador, incluso en nuestros mejores días. Recordar esta verdad nos ayudará a mantenernos en actitud de alabanza al Dios que nos salvó.

Pero analicemos juntas el versículo 16. ¿Por qué salvó Dios a Pablo? ¿Por qué nos salvó a ti y a mí? *Para que Jesucristo mostrase en mí el primero toda su clemencia, para ejemplo de los que habrían de creer en él para vida eterna.*

Como mamá, eres el mayor ejemplo para tus hijos. Tu vida es la que más influye en ellos, y parte de la razón por la que Dios te salvó es para que tu vida muestre su extraordinaria paciencia y eso sea de ejemplo para ellos.

Esa es la verdadera razón por la que puedes tener paciencia con ellos.

Dios está haciendo en tus hijos la misma obra que hizo en ti, aunque de maneras diferentes, y el objetivo de todo es que ellos se acerquen a Él. Tu vida es el mejor y más importante testimonio de su gracia que ellos verán en sus primeros dieciocho a veinte años de vida. Un día, si Dios quiere, mirarán atrás y verán la gracia redentora de Dios de la misma forma al pensar en todo lo bueno, lo malo y lo feo de sus propias historias.

MÁS VERSÍCULOS PARA ESTUDIAR Y ORAR

Romanos 2:4; Efesios 2:7

VERSÍCULO DEL DÍA

Pero por esto fui recibido a misericordia, para que Jesucristo mostrase en mí el primero toda su clemencia, para ejemplo de los que habrían de creer en él para vida eterna. —1 Timoteo 1:16

ORACIÓN

Padre, gracias por la obra que has hecho en mi vida. Gracias por salvarme, por redimirme, por cambiarme, y por poner mis pies sobre un fundamento sólido. Te alabo por la paciencia tan extraordinaria que me has mostrado, y te pido que hoy me ayudes a tener esa misma paciencia con las personas a las que más amo. En el nombre de Jesús, amén.

PIENSA

ORA

ALABA

PENDIENTES

LISTA DE ORACIÓN

PREGUNTAS PARA UNA REFLEXIÓN MÁS PROFUNDA

1. ¿Cuánto tiempo ha pasado desde la última vez que te detuviste a pensar en lo mucho de lo que te salvó Jesús? Si hace tiempo de ello, lee de nuevo nuestros versículos en 1 Timoteo 1:12-17 y deja que tu corazón desborde de gratitud.

_____

_____

_____

2. Pensar en todo lo que tu Salvador ha hecho por ti y en todas las formas en que Él ha sido paciente contigo a lo largo de los años, ¿te ayuda a ser paciente con aquellos que te rodean?

_____

_____

_____

LA PACIENCIA REQUIERE TRABAJAR EN NUESTRO CARÁCTER

Alégrense en la esperanza, muestren paciencia en el sufrimiento, perseveren en la oración.
—Romanos 12:12, NVI

Cuando mi sobrino tenía unos seis años, dijo algo sobre su prima pequeña, mi sobrina, que se convirtió en una de esas bromas internas épicas de la familia que duran toda la vida. No estoy segura de qué fue lo que ocurrió exactamente para que lo dijera, pero el hecho de que ella tenía casi dos años hizo que fuera aún más chistoso.

Proclamó: "Ella es una distracción terrible".

¿Acaso no son todos los niños de dos años una *distracción terrible*? O sea, no se me ocurre una descripción mejor para un pequeño de esa edad, pero escucharla de boca de otro niño tan solo unos años más grande fue la guinda del pastel. Ahora, muchos años después, mi esposo y yo utilizamos esa frase para hablar de cualquier persona o circunstancia cuando queremos añadir un poco de humor a una circunstancia difícil.

Dejando a un lado las bromas, los niños pueden ser distracciones terribles. Pueden distraernos de las cosas que antes daban sentido a nuestra vida, de relaciones importantes, del trabajo que estábamos haciendo para el reino de Dios antes de que nacieran, e incluso de nuestra habilidad para hacer tareas sencillas. Recuerdo escuchar a una mamá que se quejó en el estudio bíblico de un día que su esposo llegó y la casa estaba desordenada, así que preguntó: "¿Qué has estado haciendo todo el día?". La verdad era que ella había pasado todo el día persiguiendo a sus niños pequeños, manteniéndolos con vida, leyéndoles, preparando su almuerzo, acostándolos para la siesta, y después jugando con ellos en el jardín hasta que él llegó; todo mientras hacía varias coladas de ropa. Ser mamá es un trabajo a tiempo completo que no tiene salario y que no se valora lo suficiente. Incluso ahora que mis hijos son adolescentes más grandes, todavía me cuesta trabajar igual cuando están en casa. Son una distracción. Y, aunque son distracciones que amo profundamente, sigue siendo difícil terminar las tareas cuando ellos están en casa. Por eso, a veces las mujeres sienten que la maternidad les roba una parte de quiénes son o hace que, cuando se miran al espejo, vean a una desconocida.

Estoy aquí para decirte que la maternidad, cuando se mira a través de la lente de Romanos 12:2, completa nuestra vida de una manera que no es posible a través de cualquier otra experiencia. Las cosas difíciles que enfrentamos al ser mamás pueden ayudarnos a tener la paciencia necesaria para soportarlas.

PARA PENSAR

Si la definición de tribulación es "algo que causa gran dificultad o sufrimiento", entonces los hijos son, sin duda, un tipo de tribulación. No quiero quitarle valor a la belleza de la maternidad; en absoluto. Tampoco quiero hacer que aquello que es seguramente la mayor alegría de mi vida después de Jesús parezca peor o más difícil de lo que realmente es; pero tener hijos *es* difícil. Aun así, sin las dificultades no habría necesidad de esperanza, y tampoco persistiríamos en oración si no nos sintiéramos desesperadas y necesitáramos que Dios nos ayudara en medio de los momentos difíciles.

El teólogo R. C. Sproul escribió: "La tribulación está inseparablemente ligada a la esperanza, porque cuando somos forzados a pasar por sufrimiento, el Espíritu Santo usa esas tribulaciones para trabajar en nuestro carácter y hacer brotar en nosotros la virtud de la esperanza".[3] La maternidad es la responsable casi directa de la profundización de mi vida de oración porque me causó tribulaciones. Cuando me convertí en madre necesitaba grandes cantidades de esperanza, y esa necesidad me llevó a ponerme de rodillas buscándola en oración en Aquel que yo sabía que podía dármela. *Ese proceso, con el tiempo, me dio el mejor regalo posible: más de Dios mismo.*

Él vale la pena.

MÁS VERSÍCULOS PARA ESTUDIAR Y ORAR

Hechos 1:14; Hebreos 10:36

VERSÍCULO DEL DÍA

Alégrense en la esperanza, muestren paciencia en el sufrimiento, perseveren en la oración.   —Romanos 12:12, NVI

ORACIÓN

Padre, necesito esperanza. Necesito recordar que la tribulación, cuando llegue, tiene un motivo. Ayúdame a recordar que tú eres la fuente de mi esperanza y a acudir a ti en oración tan a menudo como necesite para poder tener la paciencia necesaria para seguir adelante. En el nombre de Jesús, amén.

PIENSA

_____

_____

_____

---

3. R. C. Sproul, *Romans: An Expositional Commentary* (Wheaton, IL: Crossway Books, 2019), p. 424.

ORA

ALABA

PENDIENTES	LISTA DE ORACIÓN

PREGUNTAS PARA UNA REFLEXIÓN MÁS PROFUNDA

1. Evalúa por un momento tu vida de oración. ¿Cuántas veces clamas a Dios o simplemente lo invitas a formar parte de los pequeños momentos de tu día? Sé sincera; especialmente si es menos a menudo de lo que te gustaría admitir.

---

2. Gracias a Jesús, los creyentes tenemos una línea de comunicación abierta y directa con Dios a través de la oración. Una línea *directa*. Él está ahí, amiga, esperando que le hables y le pidas ayuda. Está dispuesto y deseoso de ayudarte incluso en las decisiones más pequeñas que crees que deberías ser capaz de tomar por ti misma. ¿Le pedirás ayuda?

Día 4

LA PACIENCIA ES UN FRUTO

Mas el fruto del Espíritu es amor, gozo, paz, paciencia,
benignidad, bondad, fe, mansedumbre, templanza;
contra tales cosas no hay ley.
—Gálatas 5:22-23

Recientemente enseñé en una clase de escuela dominical sobre el tema de la paz. En ese momento había mucho drama en nuestra pequeña comunidad, y yo personalmente había batallado con algo de ansiedad relacionada con mis hijos. En mi opinión, un recordatorio acerca de la fuente de nuestra paz podría sernos útil en esa temporada. Yo creo verdadera y firmemente que la Palabra de Dios tiene todas las respuestas para cada problema, así que le enseñé a la clase un proceso paso por paso para vencer la ansiedad sacado directamente de la Biblia. Además, es el proceso que utilizo en mi propia vida diaria, en medio de cualquier situación de estrés y preocupación, para volver a un lugar de paz y seguir confiando en Dios. Ese proceso está explicado en detalle en *Oraciones diarias para encontrar la paz,*[4] otro devocional de esta serie.

De forma irónica, o tal vez no tanto, Dios puso a prueba mi enseñanza tan solo dos días después en un partido de fútbol americano de un equipo juvenil júnior (como si no pudiera hacerlo en otro momento)... ¡en el que mi hijo ni siquiera jugaba! El partido estaba más desequilibrado de lo que me hubiera gustado, así que mi mente

---

4. Brooke McGlothlin, *Everyday Prayers for Peace: A 30-Day Devotional & Reflective Journal for Women* (New Kensington, PA: Whitaker House, 2022).

comenzó a divagar y a pensar en el siguiente campeonato de béisbol en el que estarían jugando mis dos hijos el fin de semana siguiente. Confieso que, aunque me gusta el béisbol y todas las lecciones de vida que nos ha enseñado a mis hijos y a mí, también es una fuente de mucho estrés. A lo largo del último verano experimenté varios síntomas directamente relacionados con la ansiedad cada vez que a mis hijos les tocaba batear, incluyendo un ritmo cardíaco elevado de cerca de 140 pulsaciones por minuto. Eso me llevó a recitar *oraciones de pánico* que tan solo parecían hacerme sentir peor.

Ahora bien, toda mamá beisbolera que se precie (o cualquier mamá de cualquier otro deporte) sabe que tiene muy poco control sobre lo que ocurra cuando su hijo esté bateando o metido a fondo en el partido. La preparación anterior a ese momento, tanto física como mental, es lo que más influye en ese instante. Yo he aprendido a estar callada, excepto el primer "¡Vamos!" que digo cuando grito los números de las camisetas de mis hijos. Pero a lo largo del verano mi interior estaba de todo menos callado; de hecho, por dentro estaba hecha un desastre. Mis oraciones tenían una buena intención, pero su intensidad no se correspondía con la situación. Oraba para que mis hijos batearan bien con la misma emoción que emplearía para pedir que se mantuvieran con vida después de un accidente. Yo lo sabía, pero me costaba detenerme hasta que Dios me recordó esta verdad:

La paz no es un sentimiento; es un fruto.

PARA PENSAR

De acuerdo con nuestro versículo del día, la paz (así como los otros ocho rasgos que caracterizan la vida de un creyente en Jesús) es algo que el Espíritu de Dios siembra en nuestros corazones cuando somos salvos y que luego crece y madura a medida que lo conocemos más y más.

No quiero que te pierdas esto: si tienes una relación con Jesús, ya tienes semillas de amor, gozo, paz, paciencia, amabilidad, bondad, fidelidad, gentileza y dominio propio que han sido sembradas en tu corazón. Sí, hoy he hablado sobre la paz, pero no se te olvide que la paciencia también está en esa lista.

Puede que sientas que no tienes mucha paciencia que ofrecer a tus hijos, pero recuerda que la paciencia es un fruto, no un sentimiento. Ya hay cierta medida de paciencia merodeando en tu corazón redimido y, con la ayuda de Dios, puede crecer hasta ser algo hermoso que te ayude a vivir tu vida de forma que glorifique a Dios y haga que otros se pregunten qué es lo que tú tienes y que ellos necesitan.

Sigue adelante. Alimenta tus frutos y verás cómo crecen.

MÁS VERSÍCULOS PARA ESTUDIAR Y ORAR

Colosenses 3:13; 1 Pedro 3:8

VERSÍCULO DEL DÍA

Mas el fruto del Espíritu es amor, gozo, paz, paciencia, benignidad, bondad, fe, mansedumbre, templanza; contra tales cosas no hay ley. —Gálatas 5:22-23

ORACIÓN

Padre, haz crecer en mí la paciencia. Y también, haz crecer en mí el amor, el gozo, la paz, la amabilidad, la bondad, la fidelidad, la gentileza y el dominio propio. Gracias por sembrar en mi corazón estas semillas cuando me salvaste; hazlas crecer con el tiempo para que pueda parecerme cada día más a ti. En el nombre de Jesús, amén.

PIENSA

ORA

_____

_____

_____

ALABA

_____

_____

_____

PENDIENTES   LISTA DE ORACIÓN

_____   _____

_____   _____

_____   _____

PREGUNTAS PARA UNA REFLEXIÓN
MÁS PROFUNDA

1. Todas sabemos que nuestra paciencia puede ser probada, pero ¿alguna vez habías pensado que la paciencia es algo en lo que puedes invertir y que puede crecer?

_____

_____

2. Las plantas necesitan tiempo, atención, agua, luz solar y buena tierra para crecer. ¿Cómo puedes aplicar este concepto al crecimiento de tu paciencia?

_____

_____

_____

LA PACIENCIA REQUIERE AMAR CUANDO ES DIFÍCIL

*Con toda humildad y mansedumbre, soportándoos con
paciencia los unos a los otros en amor.*
—Efesios 4:2

Hace unas semanas atrás en la iglesia, nuestro pastor nos llevó a examinar Colosenses 3:1-17 en profundidad. Durante el servicio de la tarde hicimos una lista de todo lo que es parte de nuestra naturaleza terrenal y que tenemos que apartar, como la impureza, la lujuria, los malos deseos, la avaricia y demás, así como todo lo que es parte de nuestra *nueva naturaleza* y que debemos potenciar si estamos en Cristo, como la compasión, la amabilidad, la humildad y la paciencia, por decir algunas.

Lo que más me llamó la atención es la parte de *revístanse de afecto entrañable y de bondad, humildad, amabilidad y paciencia, de modo que se toleren unos a otros* (vv. 12-13, NVI). Desde esa tarde he orado para que Dios me dé más capacidad de tolerar a los demás.

Según mi pastor, *tolerarse los unos a los otros* implica entender que todos tenemos fallos o puntos ciegos, y que debemos hacer espacio para esas cosas en nuestras relaciones. Esperar que los demás sean iguales a nosotros o que nunca nos pongan nerviosos no es realista. Yo tengo hábitos que vuelven locas a otras personas, y tú también; son parte de lo que nos hace únicas, pero pueden hacer que las relaciones interpersonales sean difíciles. En este versículo, Pablo nos dice que tengamos paciencia los unos con nosotros y que seamos gentiles y humildes (considerando a los demás como más importantes que nosotros) en medio de esas dificultades.

Esto también aplica a la relación que tenemos con nuestros hijos. Mis dos hijos son bastante ruidosos, lo cual a veces puede ser bastante insoportable para mí que soy introvertida. Ellos no *intentan* ponerme de nervios cuando silban en el auto o hacen *beatbox* en el pasillo; simplemente están felices siendo ellos mismos. Mi responsabilidad es ofrecerles corrección con paciencia cuando lo necesiten, permitirles ser quienes son siempre que puedo, y enseñarles a respetar a los demás que están a su alrededor al mismo tiempo.

Tolerarnos los unos a los otros también aplica a la relación entre hermanos en el hogar. Siempre digo que nadie, *nadie*, sabe cómo ponerme de nervios mejor y más rápidamente que mi hermano mayor. No me malinterpretes; lo quiero mucho y haría casi cualquier cosa por él, pero sabe cómo hacerme saltar como un resorte, y a menudo lo hace. Estoy al cien por ciento segura de que yo también a él. Tenemos los mismos padres y fuimos criados en la misma casa, pero no podríamos ser más diferentes. Mis hijos son igual; nacieron con veintitrés meses de diferencia y son *polos opuestos*. A veces pienso que ni parecen hermanos ni actúan como tales.

PARA PENSAR

Durante la pandemia, o por lo menos durante las primeras semanas, pensé que la relación entre mis hijos explotaría repentinamente. Se volvían locos el uno al otro (y a mí), hasta el punto que comencé a orar específicamente para que el Señor los ayudara en su relación. Tuvimos largas conversaciones acerca de cómo se estaban tratando y apoyando, y estudiamos pasajes clave de la Biblia que definen no solo cómo tratar a un hermano en Cristo sino también cómo tratar a un hermano biológico que además es cristiano. Los cambios tardaron en aparecer; aunque ellos literalmente no tenían nada que hacer aparte de estar juntos: ninguno de sus amigos podía venir a casa así que, por pura necesidad, mis hijos (que son como gasolina y fósforos) pasaron mucho tiempo juntos. Vi cómo empezaron a ser creativos juntos, a jugar en nuestro jardín, y a hablar entre ellos como hacía mucho tiempo que no lo hacían. No fue perfecto, y yo tampoco esperaba que lo fuera, pero creo firmemente que Dios grabó Efesios 4:2 en sus corazones… por lo menos un poco.

Para mi familia (o por lo menos para la relación de hermanos de mis dos hijos), la pandemia fue algo bueno. Les forzó a aprender a ser más pacientes el uno con el otro. Aunque las cosas ya hace tiempo que han vuelto a la *normalidad*, sigo creyendo que cambió su relación para mejor, poniendo unos fundamentos que, gracias a Dios, sobrevivieron aun estando tanto tiempo juntos. Por eso estoy eternamente agradecida.

Siempre he dicho que, si pudiera ayudar a mis hijos a llevarse bien *el uno con el otro*, podrían llevarse bien con *cualquiera*. Siempre habrá personas en su vida con las que les cueste llevarse bien: maestros, entrenadores, jefes, compañeros de trabajo y amigos. Aprender a ver lo bueno de los demás y tolerar sus fallos es una de las habilidades más importantes que pueden tener nuestros hijos.

Y nosotras también.

MÁS VERSÍCULOS PARA ESTUDIAR Y ORAR

Colosenses 3:16; 1 Pedro 4:8

VERSÍCULO DEL DÍA

Con toda humildad y mansedumbre, soportándoos con paciencia los unos a los otros en amor.   —Efesios 4:2

ORACIÓN

Padre, cuando me sienta tentada a enojarme con alguien por algo que es parte del ser de esa persona, ayúdame a recordar que yo tampoco soy perfecta para que pueda mostrarle gracia y paciencia. En el nombre de Jesús, amén.

PIENSA

_____

_____

_____

ORA

_____

_____

_____

ALABA

_____

_____

_____

PENDIENTES   LISTA DE ORACIÓN

....

....

....

PREGUNTAS PARA UNA REFLEXIÓN
MÁS PROFUNDA

1. ¿Hay alguien en tu vida que te pone de los nervios? ¿Alguien con quien te cuesta convivir? Escribe algunas formas en las que puedes tolerarlo como Jesús te tolera a ti.

_____

_____

_____

2. La humildad implica considerar a los demás como más importantes que tú misma. ¿De qué forma te ayuda esta definición a mostrar gracia a una persona con la que te cuesta convivir?

_____

_____
_____

Día 6

LA PACIENCIA REQUIERE CONFIAR EN LO QUE NO PODEMOS VER

No nos cansemos, pues, de hacer bien;
porque a su tiempo segaremos, si no desmayamos.
—Gálatas 6:9

Una amiga mía publicó estas palabras en su perfil de Facebook:

Ser diferente es difícil.

Escoger un camino diferente es difícil.

Intentar que no te importen las cosas temporales es difícil.

Y ser padre o madre es difícil. Sentir que eres responsable de su felicidad y éxito es un peso que no fuimos realmente diseñados para llevar, pero lo hacemos. Yo sé que Dios está escribiendo una historia para cada uno de ellos que yo no puedo arruinar… pero algunos días se me hace muy pesado y desearía poder descansar en la verdad de lo que sé.

Respondí a su publicación con estas palabras:

Oré a Dios para que me diera hijos varones para poder criar hombres que sean diferentes (en ese entonces pensaba que se trataba de mí y se me olvidaba que Dios está en control). Por alguna razón, me tomó años darme cuenta de que criar muchachos que fueran diferentes haría, efectivamente, que fueran diferentes; y que ser diferentes podría ser muy difícil para ellos. ¿Vale la pena? Sí. ¿Es duro? Sí.

Es difícil para nuestros hijos ver lo que está ocurriendo a su alrededor y no frustrarse; también lo es para los adultos. Muchas veces he orado: "Señor, ¿por qué parece que cuanto más intentamos hacer lo correcto, más nos cuesta? ¿Por qué mis decisiones correctas afectan de manera negativa a mis hijos? ¿No deberíamos recibir algún tipo de recompensa?".

Tengo cuarenta y cinco años, y a veces me canso de hacer el bien; si *a mí* me cuesta entender este concepto, no me extraña que mis hijos adolescentes luchen con él de vez en cuando. Sé que se preguntan si mantenerse en el camino correcto realmente vale la pena.

Hay muchas tentaciones, distracciones y desvíos que nuestros hijos pueden tomar en esta vida. Yo solía orar todo el tiempo para que mis hijos llegaran a experimentar la salvación a través de la fe en Jesús. Ahora que ya lo han hecho, la mayoría de los días solo oro para que Dios los guarde. No me refiero a que guarde su salvación (personalmente creo que eso no puede perderse), sino a que Dios los mantenga en el camino correcto con los ojos puestos en Él, sus corazones lejos del mal, y que se mantengan fuertes cuando enfrenten tentación. A veces, cuando se detienen para mirar y evaluar el mundo que los rodea, parece que el mal está ganando, y eso es difícil. Se cansan de hacer el bien y de decidir hacer lo correcto cuando parece que hacer lo malo sería mucho más fácil e incluso más divertido.

PARA PENSAR

La definición de fe es confiar o creer completamente en algo o en alguien. La Biblia nos dice que *la fe [es] la certeza de lo que se espera, la convicción de lo que no se ve* (Hebreos 11:1). Esto es especialmente cierto para nosotras como cristianas. Les pedimos a nuestros hijos que decidan hacer lo correcto, sacrificando su reputación, soportando las burlas, y a veces siendo rechazados o cosas peores, ¿para qué? ¿Una recompensa que no pueden ver, tocar, saborear o sentir? Esa es la pregunta. ¿Qué es lo que recibimos por no cansarnos de hacer el bien?

La respuesta es que recibimos el favor de Dios. Más de Dios. Las riquezas de una relación profunda, limpia y pura con el Padre, y eso es más importante que el favor del hombre. Tú y yo sabemos eso porque somos más maduras en Cristo que nuestros hijos. Podemos ver los beneficios de caminar con el Señor incluso en nuestros momentos de mayor debilidad y de mantenernos en el camino correcto, porque lo más probable es que hayamos experimentado lo contrario. Hemos tomado algunos desvíos equivocados y nos hemos metido por algunos caminos erróneos, así que queremos ahorrarles a nuestros hijos el que tengan que pasar por lo mismo. Por lo tanto, hacemos lo mejor que podemos, sabiendo que pedirles que sean diferentes hará que tengan que pagar un precio que en ocasiones será muy alto.

¿Vale la pena? Sí. ¿Es duro? Sí. Así que seguiré orando para que Dios les muestre a mis hijos el valor de ser personas honradas que lo siguen a Él y, en definitiva, personas que no se cansen de hacer el bien.

Señor, guárdalos.

MÁS VERSÍCULOS PARA ESTUDIAR Y ORAR

Isaías 40:31; 1 Corintios 15:58

VERSÍCULO DEL DÍA

No nos cansemos, pues, de hacer bien; porque a su tiempo segaremos, si no desmayamos. —Gálatas 6:9

ORACIÓN

Padre, por favor guarda a mis hijos. Dales más de ti en medio de cada dificultad que enfrenten. Cada vez que se sientan diferentes por intentar seguirte, dales la valentía para hacer lo correcto. En el nombre de Jesús, amén.

PIENSA

ORA

ALABA

PENDIENTES

LISTA DE ORACIÓN

PREGUNTAS PARA UNA REFLEXIÓN MÁS PROFUNDA

1. ¿Alguna vez alguien se burló de tus hijos por ser diferentes a los demás y formar parte de una familia cristiana? ¿Cómo les ayudas en medio de eso?

---

2. ¿De qué manera lidias con tus sentimientos al criar hijos que son diferentes?

LA PACIENCIA REQUIERE
SOLTAR EL CONTROL

Mejor es el que tarda en airarse que el fuerte; Y el que se
enseñorea de su espíritu, que el que toma una ciudad.
—Proverbios 16:32

Perder el control de nuestras emociones es, en esencia, por falta de poder.

Sé que parece una declaración un tanto atrevida para empezar un devocional, pero quería ir directamente al grano. Antes de tener hijos, no me había dado cuenta de que me costaba controlar mis emociones. Sabía que me gustaba tener el control; pero las situaciones que enfrenté antes de tener hijos nunca me hicieron perder el dominio propio. Cuando ahora miro atrás, veinte años después, puedo ver algunos indicios aquí y allá; pero no sabía que había algo siniestro merodeando por mi corazón hasta que determinadas circunstancias hicieron que saliera. Y esas determinadas circunstancias fueron mis dos hijos.

Tal vez era porque mi esposo siempre ha trabajado por turnos y nunca ha tenido un horario normal, o porque Dios me dio dos de *esos* hijos (de esos que son varones a un 250 por ciento, escandalosos, agresivos, impulsivos y... ¿ya he dicho escandalosos?). O tal vez era simplemente porque no tengo el don de tratar con niños pequeños. Sea cual sea la razón, mis hijos sacaron lo peor de mí más de lo que quisiera recordar. Me hicieron ver que había un monstruo viviendo en mi corazón; un monstruo que se parecía mucho a una niña de dos años que no consigue lo que quiere. Siendo mamá primeriza pataleé (de modo figurado y quizá también literal) *algunas* veces porque no conseguía que mis hijos actuaran como yo quería que lo hicieran.

Perdí el control, perdí la paciencia, y perdí mis emociones.

La paciencia es necesaria para las conquistas militares; tanto las antiguas como las actuales. Una vez que se fija un blanco, los ejércitos esperan durante días o incluso semanas antes de aventurarse a cualquier tipo de lucha. Saben que, para conquistar realmente a su adversario, tienen que observarlo, conocer su rutina, saber qué lo mueve, y otras características para tener la información suficiente para planear una estrategia. Tienen que ser pacientes y esperar el momento correcto para atacar. Ejércitos pequeños pueden vencer a otros más grandes simplemente esperando el momento adecuado. La paciencia realmente *es* mejor que el poder.

No creo que debamos ver a nuestros hijos como adversarios militares, pero a menudo sí que parecerá que son la oposición. Aunque no haya muchas fórmulas en la Biblia para la crianza de los hijos, sí que hay un modelo de acción estratégica tanto en el Antiguo como el Nuevo Testamento que nos anima a controlar lo que sale de nuestro corazón y de nuestra boca para tener un impacto positivo para el reino en aquellos que nos rodean. Según el versículo del día, es más difícil hacer eso que tomar una ciudad entera, pero hay un modo.

PARA PENSAR

Pablo nos advierte: *Vestíos de toda la armadura de Dios* (Efesios 6:11), y me resulta interesante que lo dice tan solo unos versículos después de haber hablado acerca de la relación entre los padres y sus hijos. Casi como si supiera que en esa área habría dificultades y nos hubiera dado las herramientas necesarias para ser pacientes y cuidadosos con lo que decimos. Me encanta que utiliza lenguaje militar, porque aprender a tener dominio propio es dejar ir *nuestra propia necesidad de poder* y luchar, en su lugar, *en el poder de Dios:*

Por lo tanto, pónganse toda la armadura de Dios, para que cuando llegue el día malo puedan resistir hasta el fin con firmeza. Manténganse firmes, ceñidos con el cinturón de la verdad, protegidos por la coraza de justicia, y calzados con la disposición de proclamar el evangelio de la paz. Además de todo esto, tomen el escudo de la fe, con el cual pueden apagar todas las flechas encendidas del maligno. Tomen el casco de la salvación y la espada del Espíritu, que es la palabra de Dios. Oren en el Espíritu en todo momento, con peticiones y ruegos. Manténganse alerta y perseveren en oración por todos los santos. (Efesios 6:13-18, NVI)

¿Qué necesita ponerse una mamá todos los días para tener poder verdadero y paciencia con sus hijos?

- *El cinturón de la verdad:* tiempo en la Palabra de Dios. Solo la verdad puede contrarrestar las mentiras del mundo.

- *La coraza de justicia:* saber en todo momento a quién perteneces y asegurarte de que tu identidad esté firmemente arraigada en Él.

- *El calzado del evangelio:* te prepara para caminar por circunstancias en las que tú puedes *ser* la paz que viene de conocer a Jesús.

- *El escudo de la fe:* para protegerte de la montaña rusa de la vida, lo desconocido, y los planes del enemigo.

- *El casco de la salvación:* para cubrir lo más importante, tu mente, con la salvación, empoderada por tu conocimiento y fe en la Palabra de Dios.

- Y la *oración:* en todo tiempo y de todas las formas.

Ponte toda la armadura e invita a Dios a formar parte de tu desastre. Permite que sea su poder el que conquiste tu hogar y te dé paz.

MÁS VERSÍCULOS PARA ESTUDIAR Y ORAR

Proverbios 14:29; Santiago 1:19

VERSÍCULO DEL DÍA

Mejor es el que tarda en airarse que el fuerte; y el que se enseñorea de su espíritu, que el que toma una ciudad.

—Proverbios 16:32

ORACIÓN

Padre, ayúdame a hacer buen uso de las herramientas que me has dado en tu Palabra (aquellas que pueden cambiarme de dentro hacia afuera y prepararme para la batalla), para que pueda ser todo lo que tú quieres que sea para aquellos a quienes más amo. En el nombre de Jesús, amén.

PIENSA

ORA

ALABA

PENDIENTES   LISTA DE ORACIÓN

PREGUNTAS PARA UNA REFLEXIÓN MÁS PROFUNDA

1. ¿Alguna vez has sentido que tus hijos y tú pertenecían a equipos diferentes; como si tuvieras que pelear contra ellos más que por ellos?

_____

_____

_____

2. Intenta ponerte la armadura de Dios todas las mañanas durante los próximos treinta días. Escribe cada paso y habla literalmente con Dios, dile en voz alta lo que estás haciendo. Por ejemplo: "Señor, me pongo el cinturón de la verdad. Ayúdame para que la verdad de tu Palabra hoy ahogue las mentiras del mundo". Pon este pasaje en primera línea en tu mente y recuérdalo a lo largo del día. Después, escribe en tu diario lo que Dios hizo.

_____

_____

_____

LA PACIENCIA REQUIERE ESPERAR CON EXPECTACIÓN

Guarda silencio ante Jehová, y espera en él.
No te alteres con motivo del que prospera en su camino,
por el hombre que hace maldades.
—Salmos 37:7

Guardar silencio ante el Señor y esperar a que Él actúe es muy difícil. ¿Podemos admitirlo y quitarnos ese peso de encima desde el principio? Para complicar aún más las cosas, este versículo dice que deberíamos esperar pacientemente, como creyendo con todo nuestro corazón que Dios está a punto de moverse. No sé tú, pero yo creo que es más probable que yo espere con impaciencia: quejándome, murmurando, y luchando por creer que Dios intervendrá de alguna forma.

En mi corazón, anhelo ser una mujer llena de fe en el Dios todopoderoso. Quiero ser alguien que rebosa confianza, fe y gozo, pero la verdad es que tengo que esforzarme para conseguir eso. ¿Tal vez tú también?

Creo que esto es lo más común para nosotros los humanos. De hecho, creo que una vida larga (madurar y crecer en nuestra fe a medida que enfrentamos adversidades y retos) es el salón de clase en el que se aprende sobre la fe, la confianza y el gozo.

A mi hijo mayor le encanta el béisbol, y jugar a nivel universitario ha sido su sueño desde que tenía unos once años. Una semana después (exactamente siete días) de haber recibido una oferta para jugar en el equipo de la universidad local, se lesionó en un partido de béisbol. Estaba lanzando desde la posición de parador en corto hasta primera base, cuando el ligamento de su brazo dominante tiró de su hueso, fracturándole el codo. Una semana después de estar llorando de alegría por ver su sueño cumplido, estábamos llorando, llenos de preguntas y sin saber si podría volver a jugar béisbol.

La única pregunta que pasaba por nuestra mente cuando intentábamos procesar las circunstancias traumáticas de la última semana era: "¿Por qué, Señor? Ya ha pasado por muchas cosas. Es un buen muchacho y te ama. Ha trabajado muy duro para llegar hasta aquí y ha tenido que superar muchos obstáculos. ¿Por qué, Señor? ¿Por qué?".

A mí me gusta mucho hablar. Casi siempre tengo algo que decir; siempre animo a mis hijos, aunque no tenga la respuesta exacta que necesitan. Pero, esa noche, después de llegar a casa tras haber estado en urgencias con su brazo envuelto en una escayola temporal y sus sueños hechos pedazos a sus pies, yo no tenía palabras. Mi esposo no tenía palabras. Hasta mi hijo más pequeño, que es conocido por tener siempre algo que decir, se quedó callado. Estuvimos callados ante el Señor no porque quisiéramos, sino porque no podíamos hacer otra cosa.

Y entonces Dios intervino.

PARA PENSAR

Aproximadamente una hora después de haber llegado a casa tras visitar urgencias, nuestro pastor llamó a mi esposo. Había visto el mensaje de texto a nuestra clase de escuela dominical con mi petición de oración cuando terminó la reunión del domingo en la tarde, y supo que tenía que visitarnos. Nuestro pastor también es nuestro amigo, y sabe cuán importante y profundamente significativo había sido este proceso con el béisbol.

Cuando nuestro pastor apareció en la puerta de nuestra casa, entró, y con cuidado puso sus manos sobre los hombros de nuestro hijo, diciendo: "Este es un momento decisivo, pero no te define. Tú eres más que el béisbol, y si el Señor utiliza esto para redirigir tus pasos, es porque necesitabas ser redirigido. Si no lo hace, te mostrará otro camino y el proceso te hará un hombre más fuerte. Dios entiende todas tus emociones, así que sé sincero con Él; pero no te apartes de Él. Si esto tiene que definir el camino que tienes por delante, deja que sea hacia Él".

A continuación, oró con nosotros y se fue a su casa.

A la mañana siguiente, me desperté con Romanos 8:28 en el corazón: *Y sabemos que a los que aman a Dios, todas las cosas les ayudan a bien, esto es, a los que conforme a su propósito son llamados.* Recordé el momento en el que escribí la historia del proceso de nuestro hijo con el béisbol en mi diario de oración. Dios me recordó una y otra vez que el versículo dice "todas las cosas", lo que significa que Dios hace que todo (lo grande, lo bueno, lo malo y lo horrible, incluso lo rutinario) nos ayude a bien a aquellos que conforme a su propósito hemos sido llamados. ¿Y qué hay de esta lesión potencialmente devastadora? También sería utilizada para bien y debíamos confiar en que así sería.

En la escuela, uno de los entrenadores favoritos de nuestro hijo lo llamó a su oficina. Miró a mi hijo, con su aparatosa escayola en el brazo, y le dijo: "Sé que crees que esto es lo peor que te podría haber pasado en la vida, pero no creo que Dios te habría entregado esto si no tuviera un propósito con ello. *Puedes* con esto, y estamos contigo".

Menuda demostración de apoyo; no solo de sus pastores y entrenadores favoritos, sino de Dios mismo. Nuestra familia estaba impactada de que Dios hubiera decidido utilizar a todas esas personas para rodear a nuestro hijo con esa clase de ánimo firme y fuerte en el momento en que más lo necesitaba y cuando nosotros, por alguna razón, no teníamos palabras. Al estar en silencio y esperando que Dios hiciera algo, Él encontró la forma de alcanzar el corazón de nuestro hijo. Esa es la hermosa manera en la que Dios usa *todas las cosas* para bien; tan solo tenemos que esperar a que Él lo haga. Dios no se rige por nuestros sueños, nuestros tiempos, o incluso nuestras mejores palabras, sino por *su Palabra*. Podemos confiar en ella e incluso esperar expectantes, porque Él hará lo que ha dicho que hará.

MÁS VERSÍCULOS PARA ESTUDIAR Y ORAR

Salmos 40:1; 62:5

VERSÍCULO DEL DÍA

Guarda silencio ante Jehová, y espera en él. No te alteres con motivo del que prospera en su camino, por el hombre que hace maldades.
—Salmos 37:7

ORACIÓN

Padre, sé que toma tiempo trabajar en la confianza. Por favor, trabaja en mí (con cuidado) para que tenga la confianza necesaria para mantenerme en silencio y esperar expectante a que tú te muevas en mi vida y en las vidas de aquellos a los que amo. En el nombre de Jesús, amén.

PIENSA

ORA

ALABA

PENDIENTES   LISTA DE ORACIÓN

_____   _____

_____   _____

_____   _____

PREGUNTAS PARA UNA REFLEXIÓN MÁS PROFUNDA

1. ¿Alguna vez has visto a tu hijo hacerse daño o perder algo que tenía mucha importancia para él o ella? ¿Cómo lo manejaste?

_____

_____

_____

2. Haz una lista de todas las formas en las que Dios ha provisto para tu familia a lo largo de los años. No hablo solamente de provisión financiera, sino también oportunidades, momentos decisivos o sanidad. Pega esa lista en tu Biblia, y cuando te sientas tentada a perder la esperanza en que Dios actuará en tu favor, sácala como recordatorio de su bondad.

_____

_____

_____

LA PACIENCIA REQUIERE RECONOCER LA VOZ DE DIOS

Aguarda a Jehová; esfuérzate,
y aliéntese tu corazón; sí, espera a Jehová.
—Salmos 27:14

Cuando tenía dieciséis años hice un viaje desde las montañas del suroeste de Virginia a Birmingham, Alabama. Yo era parte de *Acteens*, un grupo con enfoque en las misiones para muchachas jóvenes y adolescentes. Parte del entrenamiento y la preparación para el viaje misionero de nuestro grupo local era asistir a la Convención Nacional de *Acteens*. Allí vi a *Point of Grace* en concierto por primera vez. Todas las chicas que hicimos el viaje nos enamoramos de ellas. Acababan de llegar a la industria musical cristiana, y su música nos dio una alternativa válida y llena de verdad a lo que estábamos acostumbradas a escuchar en la radio. Nuestros líderes nos compraron una cinta con su música a cada una para que pudiéramos llevárnosla a casa (sí, sé que estoy revelando mi edad). A todas nos encantaban esas cintas; pero no creo que mis líderes supieran lo mucho que ese pequeño acto de bondad moldearía mi vida.

En el lugar donde crecí, en las montañas, no había una estación de radio cristiana. A menudo, yo escuchaba *Los 40 principales* o música *country*; en la iglesia cantábamos cantos de un himnario bautista. También me encantaba el *bluegrass* y la música de antaño (aún me gusta); pero la verdad es que ni siquiera sabía que existía música cristiana contemporánea hasta ese concierto en Alabama. Me enganché a la música y al mensaje de *Point of Grace*, y he asistido a muchos de sus conciertos a largo de los años. He leído todos sus libros, y Dios las usó para mantenerme en el camino correcto de muchas maneras. A veces, su mensaje lleno de esperanza y de verdades del evangelio era lo único que me mantenía unida al Dios al que quería servir.

Uno de sus discos en particular, que se llama *Steady On* (Con paso firme), se convirtió en el himno de mis años de universidad. Recuerdo escuchar a menudo la canción que da nombre al disco y quedar asombrada por la letra:

> Nos adelantamos corriendo, nos quedamos detrás de ti.
> Es difícil esperar cuando estás pensando en el cielo.
> Enseña a nuestros pies impacientes a caminar a tu lado.
> Porque en el corazón, ya nos hemos ido.
> ¿Caminarás con nosotros?
> Avanzamos con paso firme.[5]

En esa temporada, yo intentaba averiguar qué quería hacer con mi vida. Mi plan original había sido ir directamente de la universidad a un seminario bíblico. A punto de terminar un grado en psicología, me di cuenta de que quería saber más sobre lo que la Palabra de Dios tenía que decir acerca del corazón y la mente humanos, así que lo lógico parecía ir a un seminario. Recuerdo orar diciendo: "Señor, muéstrame el camino correcto. Muéstrame dónde ir. Quiero caminar a tu lado, no delante o detrás de ti. Ayúdame a escuchar tu voz y a seguir tu dirección para este día".

Sin embargo, cuando mis padres y yo visitamos el seminario al que yo pensaba asistir, no sentí la paz de Dios. Sabía que no era el lugar al que debía ir, pero no tenía ni idea de qué significaba eso o dónde acabaría yendo.

Un amigo me habló de la Universidad Liberty. Lo más lógico sería pensar que, habiendo crecido en Virginia, conocería esa universidad cristiana casi a la vuelta de mi casa, pero no la conocía ni tampoco

5. Point of Grace, "Steady On", on *Steady On* (Word Records/Sony Records, 1998).

sabía que tenían un programa profesional de consejería, que era precisamente lo que yo quería estudiar. Impulsivamente, mi novio en ese entonces (ahora es mi esposo) y yo nos subimos a su camioneta, manejamos hasta Lynchburg, e hicimos un recorrido del campus. Desde el momento en que pisé ese lugar supe que era el lugar para mí. Y así fue; Dios usó mi tiempo allí para hacerme crecer exponencialmente.

No quiero saber qué habría ocurrido si no hubiera esperado en el Señor y estado atenta a su voz para saber dónde terminar mi formación. Pero ¿cómo supe que lo que estaba *escuchando* era la voz de Dios?

PARA PENSAR

Según estadísticas recientes de *Lifeway Research*, tan solo el 27 por ciento de los que se hacen llamar cristianos leen la Biblia varias veces por semana.[6] ¡Solo un 27 por ciento! Eso significa que el 73 por ciento de las personas que dicen conocer a Dios no lo conocen muy bien en realidad.

Dios se revela a nosotros a través de su Palabra.

Dios nos demuestra que es Dios a través de su Palabra.

Dios cambia nuestros corazones para que se parezcan más al suyo a través de su Palabra.

Y… Dios nos habla a través de su Palabra.

Por eso sé cuando Dios me habla. Reconozco su voz porque sé cómo es. Él me habla a través de su Palabra.

Eso no significa que Dios nos va a hablar y vamos a escuchar siempre sin problemas. Deberíamos comparar con su Palabra en todo momento lo que creemos que Dios nos está diciendo, y estar dispuestas a cambiar de opinión si una cosa no se alinea con la otra. Pero, cuando pasamos tiempo conociendo a Dios, nuestra habilidad para hacer eso aumenta con el tiempo.

Algunas veces es una voz tranquila y suave; algo así como un empujón en la dirección correcta. Otras veces Dios usará a algún

---

6. Aaron Earls, "More Americans Read the Bible During the Pandemic", Lifeway Research, 21 de octubre de 2021; research.lifeway.com/2021/10/21/more-americans-read-the-bible-during-the-pandemic.

consejero sabio y maduro o una predicación en la iglesia para llamar tu atención. Tal vez será un simple sentimiento que no puedes ignorar, como cuando yo visité el seminario. La mayoría de las veces, la experiencia te ayudará a escuchar la voz de Dios y saber cuándo es Él quien habla.

Al principio, tómale la palabra... literalmente. Lee su Palabra y piensa en ella como el mensaje personal de Dios para ti. Obedécela. Esa es la base de escuchar a Dios; después, cuanto más vivas así, más fácil será reconocer la voz de tu Salvador cuando te hable al corazón. Salmos 119:11 dice: *En mi corazón he guardado tus dichos, para no pecar contra ti.* Guarda la Palabra de Dios en tu corazón para que, cuando Él hable, puedas reconocer su voz.

Avanzamos con paso firme.

MÁS VERSÍCULOS PARA ESTUDIAR Y ORAR

Salmos 31:24; 37:34

VERSÍCULO DEL DÍA

Aguarda a Jehová; esfuérzate, y aliéntese tu corazón; sí, espera a Jehová. —Salmos 27:14

ORACIÓN

Padre, soy tu oveja. Ayúdame a reconocer tu voz y saber cuándo me estás hablando para que solo camine por donde tú quieres que camine, vaya donde tú quieres que vaya, y guíe a mis hijos por donde tú quieres. En el nombre de Jesús, amén.

PIENSA

ORA

_____

_____

_____

ALABA

_____

_____

_____

PENDIENTES   LISTA DE ORACIÓN

PREGUNTAS PARA UNA REFLEXIÓN
MÁS PROFUNDA

1. ¿Alguna vez te ha cambiado Dios la ruta, llevándote por
    un camino diferente cuando creías que ya tenías un plan?

_____

_____

2. Reflexiona acerca de un tiempo en el que Dios habló a tu
    corazón. ¿Cómo fue? Escríbelo y comienza a fijarte en lo
    que ocurre cuando Dios te habla.

_____

_____

Día 10

LA PACIENCIA REQUIERE PONER LA LUCHA EN MANOS DE DIOS

*Ustedes quédense quietos,
que el Señor presentará batalla por ustedes.*
—Éxodo 14:14 (NVI)

Imagina tener que dejar tu hogar (el único lugar que has conocido) rápida y repentinamente, en medio de la noche, sabiendo que seguramente nunca regresarías. Imagina también que esto ocurre después de ver cómo toda tu comunidad experimenta tanta muerte y destrucción como para desgarrar su alma.

Eso es exactamente lo que les sucedió a los israelitas cuando Dios les dijo que salieran de Egipto. Después de la décima y última plaga que cayó sobre los egipcios, en la que el Señor mató a todos los primogénitos del país, tanto humanos como animales, el faraón por fin los dejó ir. Al haber perdido a su propio primogénito igual que muchos otros que no tenían la protección del único Dios verdadero, el faraón y todo Egipto gemían ante el peso de tanta pérdida. En medio de ese dolor, cedió y dejó ir al pueblo.

Tuvieron que escapar rápidamente, dejando atrás muchas de sus pertenencias. Tuvieron que confiar en la promesa de Dios de que Él los llevaría a una "tierra que destila leche y miel" (Éxodo 13:5). Dios les dio instrucciones, les dijo que les contaran a sus hijos lo que Él había hecho por ellos cuando los guiaba en el camino como una columna de nube en el día y una de fuego en la noche. Las Escrituras dicen que Dios "nunca se apartó de delante del pueblo" (Éxodo 13:22).

Para el pueblo de Dios debió parecer una gran victoria; y lo fue. Ahí estaban, siendo sacados de Egipto delante de las narices del faraón. Imagino que muchos de ellos pensaban que llegarían a la tierra prometida un par de días después, y confiaban ciegamente en el Dios cuyas grandes maravillas habían visto diez veces seguidas antes de marcharse de Egipto.

Muchas veces he deseado que Dios me dé una señal. Siempre me ha costado entender por qué los israelitas se quejaron tanto cuando Dios se había mostrado a ellos de maneras tan milagrosas. ¿Quién no se llenaría de fe al ver una columna de nube o una columna de fuego guiándole en el camino? No tenían ni idea de que ese mismo Dios los estaba guiando y posicionando estratégicamente para algo mayor al ponerlos en una situación en la que, si Él no intervenía, no ocurriría nada.

En el capítulo 14 leemos:

Habló Jehová a Moisés, diciendo: Di a los hijos de Israel que den la vuelta y acampen delante de Pi-hahirot, entre Migdol y el mar hacia Baal-zefón; delante de él acamparéis junto al mar. Porque Faraón dirá de los hijos de Israel: Encerrados están en la tierra, el desierto los ha encerrado. Y yo endureceré el corazón de Faraón para que los siga; y seré glorificado en Faraón y en todo su ejército, y sabrán los egipcios que yo soy Jehová. Y ellos lo hicieron así. (Éxodo 14:1-4)

Conozco la historia del éxodo y la separación de las aguas del Mar Rojo desde que era niña y estaba en la escuela dominical. He leído sobre cómo faraón llevó a su ejército para volver a capturar a los israelitas y creyó haberlos atrapado entre su ejército y el mar, sin tener a dónde ir ni cómo escapar. Me he gloriado en el Dios que pudo separar las aguas del Mar Rojo, hacer que su pueblo cruzara sobre tierra seca, y después hacer que las aguas cayeran sobre el ejército egipcio, matándolos a todos; y salvar a su pueblo cuando parecía no haber posibilidad de salvación. Pero, por alguna razón, nunca me había dado cuenta de que Dios les *dijo* que estuvieran en el lugar en el que estaban cuando el faraón los alcanzó.

Fue su plan desde el principio.

PARA PENSAR

La pregunta que debo hacerme a mí misma (y que estoy segura de que tú también te estás haciendo) es: ¿por qué rayos pondría Dios a su pueblo en una situación peligrosa? ¿Por qué pondría un Dios bueno a su pueblo en la boca del lobo?

En mi libro *Gospel-Centered Mom* (Una mamá centrada en el evangelio)[7] analizo la historia de Oseas, un profeta del Antiguo Testamento.

El Señor le pidió a Oseas que se casara con una prostituta y su *historia de amor* no fue un cuento de hadas. A lo largo de su matrimonio, su esposa Gomer le fue infiel; de modo que regresó a su vida de ruina en lugar de dejarse amar. Ni siquiera podemos estar seguros de que los hijos, fruto de su matrimonio, eran de Oseas. Aun así, Dios le ordenó a Oseas que fuera por ella una y otra vez. Yo escribí:

> Es realmente impensable que Dios le pidiera a un hombre como Oseas soportar algo así. Pero... tal vez Dios lo creó para ser parte de su historia por un propósito específico: para mostrar su poder, amor, gracia y plan de redención al mundo que observaba y a nosotros, que leemos la historia muchos años después. Tal vez Dios no creó a Oseas (ni a nosotros) para que pudiéramos formar parte de *nuestra propia historia*; tal vez es al revés.[8]

Dios peleará por nosotros, y nos pondrá en situaciones estratégicas en las que podremos mostrar su poder y amor al mundo que observa mientras decidimos permanecer quietas en su voluntad tan

---

7. Brooke McGlothlin, *Gospel-Centered Mom: The Freeing Truth About What Your Kids Really Need* (New York: Multnomah, 2017), pp. 53–54.
8. *Ibid.*

llena de propósito. No es que yo lo entienda, pero en las Escrituras está claro que eso es lo que Él hace. Hemos sido creadas con el único propósito de darle gloria a Dios; eso es lo más importante. La buena noticia es que Él está comprometido al cien por ciento con su gloria; por eso sabemos que aquellos que creemos siempre experimentaremos su bondad.

MÁS VERSÍCULOS PARA ESTUDIAR Y ORAR

Éxodo 14; Deuteronomio 3:22

VERSÍCULO DEL DÍA

Ustedes quédense quietos, que el Señor presentará batalla por ustedes. —Éxodo 14:14, NVI

ORACIÓN

Padre, ayúdame a permanecer quieta en tu voluntad tan llena de propósito, sabiendo que tú me has puesto ahí junto a mi familia para poder mostrar tu bondad a todos aquellos que nos rodean. Por favor, permite que nuestras vidas sean un testimonio vivo de tu poder y amor. En el nombre de Jesús, amén.

PIENSA

ORA

ALABA

_____

_____

_____

PENDIENTES   LISTA DE ORACIÓN

_____   _____

_____   _____

PREGUNTAS PARA UNA REFLEXIÓN MÁS PROFUNDA

1. ¿Alguna vez has pasado por alguna situación difícil que parecía no tener propósito alguno? Según el devocional de hoy, ¿cuál podría haber sido el propósito eterno?

_____

_____

2. Piensa en un momento en el que Dios peleó por ti. Escríbelo en tu diario para que puedas recordar lo que sentiste al saber que el Dios del universo intervino para rescatarte.

_____

_____

Día 11

LA PACIENCIA REQUIERE HACER ESPACIO PARA DIOS

El Señor no retarda su promesa, según algunos la tienen por
tardanza, sino que es paciente para con nosotros,
no queriendo que ninguno perezca, sino que
todos procedan al arrepentimiento.
—2 Pedro 3:9

Una de las razones principales por las que me encanta orar utilizando la Palabra de Dios y animar y enseñar a otros a hacer lo mismo es porque creo que Dios la cumplirá siempre. Puede que no haya instrucciones específicas para los padres en la Biblia, pero hay un sinfín de promesas para los hijos de Dios. Una de ellas, en Isaías 55:11, es que la Palabra de Dios no volverá vacía, sino que hará exactamente lo que Él quiere.

Podemos confiar en esa promesa... aunque también es un misterio. Por un lado, podemos tener la seguridad de que, cuando la Palabra de Dios avanza, cumplirá su propósito y su plan específico. Por el otro, no tenemos control sobre cuál es realmente el plan de Dios. La mayor conclusión a la que he llegado en los casi veinte años que he orado utilizando la Palabra de Dios es que puedo confiar en la promesa poderosa de Dios sin tener que entender su propósito o el tiempo en el que la cumplirá.

Yo comencé este diario de oración con las palabras: "Dales la oportunidad de crecer debido a esto", y dije que es algo que Dios puso en mi corazón como un regalo que puedo dar a mis hijos a medida que crecen, maduran y aprenden más sobre Él. Sin embargo, estoy convencida de que es el mismo regalo que Dios nos ofrece a cada una de nosotras por ser sus hijas, incluso (y especialmente) cuando estamos creciendo y avanzando en edad. El versículo de hoy nos asegura que el Señor no se retrasa en cumplir sus promesas. Aunque el pasaje completo de 2 Pedro 3 habla principalmente acerca del día del Señor, o el día en que Él vuelva, no creo que sea equivocado aplicarlo a otras situaciones en las que estamos esperando que el Señor intervenga, o sentimos que el Señor está callado o hasta que se demora.

¿Has estado orando para que uno de tus hijos se acerque a Cristo, pero no ves una respuesta directa?

¿Tienes un hijo pródigo que no ha mirado atrás a pesar de tus oraciones llenas de dolor?

¿Ha entrado la enfermedad o alguna lesión a tu hogar y eso te ha hecho caer de rodillas como nunca antes?

¿Estás viendo a alguno de tus hijos dolerse y tú no puedes hacer que se le pase con un beso o asegurarle que todo va a estar bien?

Uno de mis libros favoritos sobre la oración, *If You Will Ask* (Si pides), es una colección de sermones y escritos acerca de la oración por Oswald Chambers.[9] En ese libro, Chambers dice: "Los silencios de Dios son respuestas. Si pensamos que sus respuestas son solo aquellas que percibimos con nuestros sentidos, será porque tenemos un entendimiento muy rudimentario acerca de la gracia". A veces *parece* que Dios se ha demorado y a veces *parece* que está demasiado callado. Sin embargo, eso es solo porque intentamos entender nuestras circunstancias con nuestra sabiduría limitada, y no reconocemos que los caminos de Dios son completamente diferentes a los nuestros. Dios no se demora como nosotras podríamos pensar; sencillamente tiene unos tiempos que son completamente diferentes a los nuestros y que nosotras no podemos ver.

---

9. Oswald Chambers, *If You Will Ask: Reflections on the Power of Prayer* (Grand Rapids, MI: Our Daily Bread Publishing, 2012).

PARA PENSAR

Lo que pasa es que yo prefiero una respuesta visible; no puedo evitarlo. Estoy segura de que tú eres igual, especialmente cuando se trata de nuestros hijos. Sí, quiero despertarme cada mañana llena de fe creyendo que Dios intervendrá y confiando en su tiempo perfecto, porque sé que incluso sus silencios y sus aparentes demoras son por el bien de mis hijos. Dios me está transformando para que llegue a ser esa mujer, pero aún no es el estado por defecto de mi corazón. Una parte demasiado grande de mí todavía vive en lo temporal y se olvida de lo eterno con demasiada facilidad.

¿Podría existir una perspectiva completamente diferente a la que me hace sentir que Dios me está ocultando información?

Chambers sigue diciendo: "Algunas oraciones van seguidas de silencio... porque son más grandes de lo que podemos entender. ¿Puede Dios confiar en ti de esa manera? Recuerda que los silencios de Jesucristo siempre son señales de que Él sabe que podemos soportar una revelación mayor de lo que pensamos".[10] ¿Puede ser que Dios no esté respondiendo de la forma en que queremos que lo haga porque hay algo más que debemos aprender en medio de esa experiencia? ¿Qué ocurriría si en lugar de intentar salir a toda costa de lo que nos está haciendo daño, nos acercáramos a Dios y escucháramos, he hiciéramos espacio para sus planes incluso si no son lo que queremos?

MÁS VERSÍCULOS PARA ESTUDIAR Y ORAR

Isaías 30:18; Lucas 18:2-8

VERSÍCULO DEL DÍA

El Señor no retarda su promesa, según algunos la tienen por tardanza, sino que es paciente para con nosotros, no queriendo que ninguno perezca, sino que todos procedan al arrepentimiento.

—2 Pedro 3:9

---

10. *Ibid.*

ORACIÓN

Padre, gracias porque puedo confiar en tus tiempos. Ayuda a mi familia a confiar también en ellos, especialmente cuando parece que estás demasiado callado o que tu respuesta se está demorando. Amplía nuestra mente y nuestro corazón para poder hacer lugar para tus planes incluso si no son lo que queremos. En el nombre de Jesús, amén.

PIENSA

ORA

ALABA

PENDIENTES

LISTA DE ORACIÓN

PREGUNTAS PARA UNA REFLEXIÓN MÁS PROFUNDA

1. ¿Está Dios callado en tu vida ahora mismo? Deja a un lado tus sentimientos acerca de su silencio por un momento y pregúntale qué quiere enseñarte sobre sí mismo en medio de todo.

_____

_____

_____

2. Chambers dice: "Si pensamos que sus respuestas son solo aquellas que percibimos con nuestros sentidos, será porque tenemos un entendimiento muy rudimentario acerca de la gracia". Esto insinúa que aquellos que piden señales o una respuesta visible de algún tipo son creyentes inmaduros. A mí no me importa admitir que, a veces, según esta definición, soy una creyente inmadura. Pero quiero crecer en mi fe. ¿Y tú?

_____

_____

_____

LA PACIENCIA REQUIERE RECONOCER QUE NECESITAMOS A JESÚS

Y si siete veces al día pecare contra ti, y siete veces al día volviere a ti, diciendo: Me arrepiento; perdónale. Dijeron los apóstoles al Señor: Auméntanos la fe.
—Lucas 17:4-5

Cuando mis hijos eran muy pequeños y yo los agarraba haciendo algo que les habíamos dicho que no hicieran, me arrodillaba a su lado y les decía: "No puedes obedecer tú solo. Necesitas la ayuda de Jesús para hacerlo; pídele que te ayude a obedecer". Esto lo saqué literalmente del libro de Elyse Fitzpatrick *Give Them Grace: Dazzling Your Kids with the Love of Jesus* [Dales gracia, Deslumbra a tus hijos con el amor de Jesús],[11] y fue una manera maravillosa y cristocéntrica de ayudarlos a entender que el pecado o la desobediencia consciente no es algo que podemos superar en nuestras propias fuerzas. El pecado debe ser reconocido y perdonado, confesado y superado. Para hacer eso necesitamos a Jesús.

Por suerte, Jesús está más que dispuesto a ayudar. Una noche, después de un largo día de lidiar con el mismo pecado básico una y otra vez, envié a mi hijo a su cuarto para que se fuera temprano a la cama. Necesitábamos un descanso el uno del otro, y yo necesitaba

---

11. Elyse M. Fitzpatrick and Jessica Thompson, *Give Them Grace: Dazzling Your Kids with the Love of Jesus* (Wheaton, IL: Crossway, 2011).

poder pensar y orar. Estaba cansada de decirle que necesitaba a Jesús ese día, y quería que se arrepintiera. A decir verdad, mi deseo tenía más que ver conmigo que con él. Decirles a nuestros hijos que necesitan a Jesús requiere saber primero que nosotras también lo necesitamos... o al menos decírselo con la actitud correcta... y yo no estaba en la actitud correcta. El amor me pedía que lo perdonara una, y otra, y otra vez (incluso en el mismo día), pero la realidad es que a esas alturas del día ya se me había acabado el perdón.

Subí las escaleras para asegurarme de que estuviera bien y vi que su puerta estaba cerrada, lo cual no es normal. Se escuchaban voces dentro de su cuarto, así que me dispuse a abrir la puerta de golpe, pensando que había llevado a su hermano en lugar de prepararse para ir a la cama como yo le había pedido. Por suerte, me di cuenta de que solo se oía una voz, así que acerqué mi oído a la puerta para escuchar. Estaba orando, y sus palabras me dejaron sin aliento.

"Diablo", dijo, "¡no te pertenezco! ¡Jesús está de mi lado y no dejaré que robes nada ni a mí ni a mi familia! ¡Aléjate de mí!".

Desde luego que de boca de los niños...

PARA PENSAR

Como mamás, habrá momentos en los que estaremos dispuestas a perdonar todo, y otros en los que seguramente cuando más necesitemos perdonar a nuestros hijos, sintamos que no tenemos la capacidad de hacerlo. Ese no fue el único día en el que descubrí a mi hijo orando y declarando verdades que yo le había enseñado u ordenándole al enemigo que lo dejara en paz. El diablo quiere robar a nuestros hijos y a nuestras familias; esa es una gran verdad. Nosotros tenemos la autoridad para ordenarle que se aleje, pero si yo no hubiera estado dispuesta en el pasado a perdonar a mi hijo y enseñarle esta verdad, no creo que ese momento se habría producido.

El pasaje de hoy nos recuerda que Dios sabía que vencer al pecado sería una lucha para nosotras. Él debió haber previsto que necesitaríamos gracia no solo una vez sino una y otra vez, y que para poder ofrecer esa gracia y perdón a otros, primero necesitaríamos experimentarla nosotras mismas... viniendo de Él. Solo tendremos la fuerza para perdonar a otros cuando hayamos tenido un entendimiento profundo de cuán grande e importante es el perdón de Dios para nosotras.

Señor, ¡aumenta nuestra fe!

MÁS VERSÍCULOS PARA ESTUDIAR Y ORAR

Marcos 9:24; 2 Corintios 5:7

VERSÍCULO DEL DÍA

Y si siete veces al día pecare contra ti, y siete veces al día volviere a ti, diciendo: Me arrepiento; perdónale. Dijeron los apóstoles al Señor: Auméntanos la fe. —Lucas 17:4-5

ORACIÓN

Padre, ayúdame a recordar siempre lo mucho que tú me has perdonado, y que ese conocimiento de la profundidad de tu gracia impulse mi capacidad de perdonar a aquellos que me rodean. En el nombre de Jesús, amén.

PIENSA

_____

_____

_____

ORA

_____

_____

ALABA

_____

_____

_____

PENDIENTES   LISTA DE ORACIÓN

_____   _____

_____   _____

_____   _____

PREGUNTAS PARA UNA REFLEXIÓN MÁS PROFUNDA

1. ¿Cuántas veces necesitas perdonar a tus hijos?

_____

_____

_____

2. ¿En algún momento se te acaba la capacidad de perdonarlos?

_____

_____

_____

LA PACIENCIA IMPLICA NO RENDIRSE

*Que el Dios que infunde aliento y perseverancia les conceda
vivir juntos en armonía, conforme al ejemplo de Cristo Jesús.*
—Romanos 15:5 (NVI)

Perseverancia es una palabra complicada, tanto literal como figuradamente. Implica la habilidad de hacer algo durante un largo periodo de tiempo y significa, en lo específico, quedarse en un proceso o una situación complicada o difícil sin rendirse.

Si hay un trabajo o un llamado que requiere perseverancia, es la maternidad. Stacey Thacker dice en el libro que escribimos juntas titulado *Unraveled* [Desenredado]: "Cada vez veo la maternidad más como una maratón que requiere perseverancia, y no como una carrera de velocidad hacia la siguiente temporada de la vida... y, en la maratón de la maternidad, te entregan a una persona, no un bastón... y tienes que correr con él toda la vida".[12] La realidad es que la maternidad no tiene un final específico, y los requisitos que debe cumplir una mamá cuando se le entrega a esa pequeña personita suelen parecer demasiado pesados, especialmente cuando no se ve un final claro.

En su carta a los Romanos, Pablo hablaba a la iglesia acerca del arte de vivir juntos en armonía con creyentes en diferentes etapas de madurez. No se me ocurre un lugar más importante para que esto ocurra que en la familia, ¡pero a menudo se me hace más difícil vivir en armonía con las personas de mi casa que con completos desconocidos! De seguro es porque nos conocemos muy bien entre nosotros, tanto fortalezas como debilidades, ¡que tenemos la capacidad de volvernos locos los unos a los otros! A menudo tengo que recordarme a mí misma que yo soy la persona adulta, porque mis emociones amenazan con hacerme bajar a un nivel que Cristo ya me ha ayudado a dejar atrás. Que yo me olvide de todo lo que Dios me ha enseñado sobre ser y actuar como Él no ayuda a mantener la armonía en nuestro hogar, pero aun así se me hace difícil.

¿De dónde, entonces, sacamos la habilidad de perseverar?

Romanos 15:1 (NVI) comienza con un mensaje para "los fuertes". No sé en qué punto estás en relación con tu fe (no sé si eres una nueva creyente, una seguidora de Jesús fuerte, experimentada y madura, o algo entre esos dos extremos), pero supongo que estás más avanzada en tu fe que tus hijos. Según este pasaje, mamá, *tú* eres la que es fuerte.

> *Los fuertes en la fe debemos apoyar a los débiles, en vez de hacer lo que nos agrada. Cada uno debe agradar al prójimo para su bien, con el fin de edificarlo.* (Romanos 15:1-2, NVI)

PARA PENSAR

Sé que no siempre te sientes fuerte o con la capacidad de perseverar. Tal vez estés leyendo esto ahora mismo y preguntándote cómo harás para sobrevivir a los próximos cinco minutos, ¡y ya ni hablemos de la adolescencia! Te entiendo. Yo también me he sentido así, y creo que independientemente de los años que vayan cumpliendo mis hijos, estoy llamada a perseverar siempre con ellos.

Pero este es el secreto: la capacidad de perseverar no sale de mi interior. Ni tampoco del tuyo.

Analiza detalladamente el versículo de hoy. Dice: *Que el Dios que infunde aliento y perseverancia les conceda vivir juntos en armonía, conforme al ejemplo de Cristo Jesús.* ¿De dónde viene la capacidad de perseverar? ¿Quién pone en nosotros el don, incluso el deseo, de permanecer y no rendirnos cuando este rasgo podría no mostrarse de manera natural? Dios mismo.

Esto me consuela. De hecho, me consuela siempre que recuerdo que no tengo que ser lo suficientemente buena, tenerlo todo bajo control, o incluso saberlo todo sobre Dios. Dios es suficiente, lo tiene todo bajo control, y su carácter nunca cambiará. Tengo tiempo para poder conocerlo, para que Él me cambie y así yo pueda guiar a mis hijos a Él. Por eso debemos permanecer en una relación cercana a través de la oración con Aquel que nos da tantas cosas buenas, que nos ofrece sabiduría cuando la necesitamos, y que nos ayuda a tener compasión de aquellos que viven en nuestra casa y son más débiles en la fe que nosotras.

MÁS VERSÍCULOS PARA ESTUDIAR Y ORAR

Salmos 86:5; Romanos 15:13

VERSÍCULO DEL DÍA

Que el Dios que infunde aliento y perseverancia les conceda vivir juntos en armonía, conforme al ejemplo de Cristo Jesús.

—Romanos 15:5, NVI

ORACIÓN

Padre, gracias por darme todo lo que necesito. Ayúdame a recordar que no tengo que hacerlo todo en mis fuerzas. Mi fortaleza, mi compasión, y mi capacidad de perseverar en medio de los momentos difíciles vienen de ti, y tu pozo nunca se seca. Dame hoy lo que necesito. En el nombre de Jesús, amén.

PIENSA

ORA

_____

_____

_____

ALABA

_____

_____

PENDIENTES   LISTA DE ORACIÓN

PREGUNTAS PARA UNA REFLEXIÓN MÁS PROFUNDA

1. ¿Alguna vez sentiste que no podías perseverar ni un segundo más? ¿Qué hiciste?

_____

_____

2. ¿Se te ocurrió orar? La próxima vez que te sientas así, quédate a solas con Dios aunque sea solo unos segundos, y pídele que te dé lo que necesitas.

_____

_____

Día 14

LA PACIENCIA NOS DA LIBERTAD PARA CRECER

Porque un momento será su ira, pero su favor
dura toda la vida. Por la noche durará el lloro,
y a la mañana vendrá la alegría.
—Salmos 30:5

Una cosa es que, como mamás, pasemos por momentos difíciles; pero ver a nuestros hijos hacerlo es algo completamente diferente.

Cuando mi familia pasó por un momento difícil con uno de nuestros hijos (esperando respuestas, sin saber qué pasaría y haciendo un esfuerzo inmenso por entender el plan de Dios cuando parecía ir en dirección completamente contraria a nuestras expectativas), sentí que mis emociones eran sacudidas como una barca en medio de una tormenta. Cuando por fin tenía paz, nos daban algo más de información y parecía que mi paz se hubiera caído por la borda. Recuerdo decirle a mi clase de escuela dominical que estaba esperando ansiosa mi temporada de madurez en Cristo, en la cual haría falta mucho más para que mi barca se tambaleara de esa forma, pero sabía que tenía que pasar por esa tormenta para llegar al otro lado.

Muchas veces me siento culpable por tener que luchar, pelear y esforzarme para creer a Dios cuando lo que veo parece contradecir su verdad. A veces he pensado que debería estar más avanzada en mi camino de fe, y me he preguntado si a Dios le decepciona que no lo esté. Quiero ser una de esas mujeres firmes en la fe que pueden decir con sinceridad y gozo en el corazón: "Yo confiaré en el Señor", mientras todo se derrumba a su alrededor, pero la verdad es que tardo unos minutos, e incluso a veces algunas semanas, en llegar a ese punto. No siempre tengo gozo o fe instantáneos, y eso no me gusta; desearía que no fuera así, pero estoy aprendiendo que la tormenta es lo que nos hace más fuertes.

En Juan 11 leemos la conocida historia de Lázaro. Después de esperar varios días para responder a la llamada desesperada de auxilio de sus amigos, Jesús finalmente llegó a la casa de ellos y se encontró con que Lázaro ya había muerto. María, la hermana de Lázaro, ya había perdido la esperanza, y cuando Jesús llegó, ella no se levantó de inmediato para saludarlo. Aunque las Escrituras no nos dan detalles específicos sobre cómo se sentía, siempre he creído que estaba enojada, intentando entender y encontrar el sentido a las circunstancias que no se alineaban con la verdad que ella había creído.

Yo solía pensar que debió haberse levantado de inmediato y correr junto con su hermana Marta para recibir a Jesús; después de todo, había llegado su rey. Como tengo la Biblia, yo sé lo que ella aún no sabía: que Jesús iba a resucitar a su hermano. Me parece que debería haber deseado estar en su presencia cuanto antes, confiando en Él inmediatamente. Pero lo que su historia nos demuestra es que María (y muchas otras personas de la Biblia) era bastante parecida a mí.

PARA PENSAR

Las circunstancias que hicieron que María finalmente se acercara a Jesús me hacen pensar. ¿Sabes por qué? ¿Qué fue lo que la animó a dar el primer paso para confiar en Él de nuevo?

Él la llamó. Marta le dijo: *El Maestro está aquí y te llama* (Juan 11:28).

Cuando María oyó eso, se levantó y corrió hacia Él. Jesús pudo haberse frustrado por su falta de madurez, y probablemente tenía derecho a exigir su confianza independientemente de cómo se sintiera; sin embargo, Él le ofreció a María algo completamente diferente: compasión, amor, y paciencia.

Él sabía que María no era capaz de ver más allá; ella no sabía el milagro que Jesús estaba a punto de hacer. Lo único que sabía era que su corazón estaba roto, y que Aquel que tenía el poder de haber evitado que eso ocurriera no llegó a tiempo. En respuesta a su quebranto, las Escrituras dicen que Jesús "se estremeció en espíritu y se conmovió" (Juan 11:33). Cuando finalmente llegó al lugar donde Lázaro había sido enterrado, lloró.

Es muy difícil confiar en Dios en medio de circunstancias difíciles, especialmente cuando tenemos poco o ningún control sobre el resultado y no podemos ver lo que hay al otro lado. El versículo de hoy nos anima con la verdad de que, en efecto, el gozo *llegará* y la esperanza nos será devuelta. No pasa nada porque la confianza y la fe crezcan y se desarrollen con el tiempo.

MÁS VERSÍCULOS PARA ESTUDIAR Y ORAR

Salmos 126:5; Isaías 12:1

VERSÍCULO DEL DÍA

Porque un momento será su ira, pero su favor dura toda la vida. Por la noche durará el lloro, y a la mañana vendrá la alegría.

—Salmos 30:5

ORACIÓN

Padre, tengo muchas limitaciones, pero tú eres un Dios ilimitado. En este día, al enfrentar lo desconocido, ayúdame a creer que tú intervendrás y que, cuando lo hagas, será justo a tiempo. En el nombre de Jesús, amén.

PIENSA

ORA

_____

_____

_____

ALABA

_____

_____

_____

PENDIENTES   LISTA DE ORACIÓN

_____

_____

_____

PREGUNTAS PARA UNA REFLEXIÓN
MÁS PROFUNDA

1. ¿Alguna vez te ha costado confiar en Dios inmediatamente cuando ocurrió algo que no entendías?

_____

_____

2. ¿Te das gracia a ti misma para crecer en tu fe? ¿O tiendes a castigarte por ser menos que perfecta?

_____

_____

Día 15

LA PACIENCIA REQUIERE ESCUCHAR EL LLAMADO DE DIOS

Oh Jehová, de mañana oirás mi voz;
de mañana me presentaré delante de ti, y esperaré.
—Salmos 5:3

El texto de la fotografía que me envió mi esposo decía: "Por esto deberías levantarte las 4:30 de la mañana", y yo solté una carcajada (levantarme tan temprano no es lo único que me hace tanta gracia, sino que quien diseñó el gráfico estaba todavía somnoliento cuando lo hizo porque se le olvidó poner la palabra *a*. Caso cerrado).

No me gusta madrugar. De hecho, creo que hasta se podría decir que odio levantarme temprano. Sé que hacerlo me daría varias horas extra de productividad a la semana, y que es el hábito de las personas altamente exitosas. Soy consciente de que hacerlo edifica carácter y disciplina, y que es más probable que haga las cosas cuando hay menos distracciones. Incluso recuerdo emplear este método cuando estaba en la universidad (irme a la cama muy temprano y despertarme al alba para estudiar para un examen justo antes de hacerlo), pero esta información no cambia el hecho de que no *quiero* levantarme temprano.

Fuera de bromas, muchas mujeres se han preguntado si pasar tiempo a solas con el Señor en la mañana es más santo o sagrado. Algunas hasta se han preguntado si versículos como el de hoy se refieren a que es obligatorio orar y estudiar la Biblia antes que cualquier otra cosa. Yo nunca he creído que la Palabra de Dios nos da estas instrucciones específicas, pero sí creo que entregarle a Dios los primeros frutos de nuestra mañana tiene algo especial (tal vez un poco más tarde de las 4:30).

En la Biblia, levantarse temprano para hacer cosas es un patrón bastante común. Lo vemos en las vidas de Abraham, Moisés, Josué, Gedeón, Samuel, David, y otros. Y en Jesús también. *Levantándose muy de mañana, siendo aún muy oscuro, salió y se fue a un lugar desierto, y allí oraba* (Marcos 1:35). ¿No deberíamos nosotras seguir su ejemplo? ¿Importa la hora a la que oramos?

Los mejores momentos de oración que yo tengo son o muy tarde en la noche o muy temprano en la mañana. De hecho, aunque tengo el hábito de pasar tiempo en la Palabra de Dios (y orar utilizando la Palabra de Dios) temprano, sigo orando antes de dormir y nada más despertarme. Es un hábito precioso que desarrollé a los cuarenta cuando empecé a tener problemas para dormir.

Las primeras veces que ocurrió (probablemente las primeras semanas) murmuraba y me quejaba. Hay pocas cosas tan frustrantes como no poder dormir. Según la Sleep Foundation (Fundación para el Sueño), las mujeres a lo largo de su vida tienen un 40 por ciento más de riesgo de insomnio que los hombres.[13] A algunas les cuesta quedarse dormidas, mientras que otras tienen dificultades para *permanecer* dormidas. Cualquiera que haya experimentado insomnio sabe que, cuanto más tiempo pases sin dormirte, más ansiosa e impaciente te pones. Es un ciclo que a mí me hizo estar muy enojada con Dios y quejarme con Él. Por supuesto que me desahogaba con Él en oración, y durante ese tiempo mis oraciones eran parecidas a lo siguiente:

+ "Señor, tienes que dejarme dormir".

+ "Señor, por favor permite que me duerma".

+ "Señor, tú sabes que necesito ocho horas de sueño".

+ "Señor, ¿por qué me haces esto? ¿Cuál es el motivo?".

+ "Esto no es justo. Mi esposo está roncando y se durmió casi al instante".

+ "Señor, ¡no me hagas esto otra vez!".

PARA PENSAR

Mis *oraciones de queja* al Señor no eran muy agradables, pero después de unas semanas recordé la historia de una amiga mía que tiene más años que yo y que había tenido dificultades para dormir. En una reunión ministerial compartió que tenía problemas de sueño: despertaba a medianoche, estaba un par de horas despierta, y después volvía a dormirse.

En lugar de quejarse por ello, mi amiga pensó que tal vez era que el Señor le estaba despertando para orar, así que eso hizo. Comenzó a poner la alarma a la hora a la que normalmente despertaba, se levantaba sin hacer ruido, pasaba a una habitación vacía, y allí oraba. Después de una hora más o menos, o cuando hubiera terminado de orar, regresaba a la cama silenciosamente y se dormía de nuevo.

Eso me inspiró. No sentía un llamado a levantarme en mitad de la noche, pero decidí entregarle mi tiempo de espera al Señor y comencé el hábito de orar hasta dormirme. Empezaba orando por mi esposo y mis hijos, poniendo delante del Señor sus necesidades específicas, y después seguía con quien Él me trajera a la mente. El tren de oraciones, por así decirlo, seguía andando hasta que me quedaba dormida, sin ni siquiera preocuparme por la hora.

En las mañanas, comencé a fijar mi alarma para que sonara quince minutos antes de la hora en que tenía que levantarme, y una segunda alarma para esa hora exacta. Al final, me entrené a mí misma para oír la primera alarma, y comenzaba a orar casi de inmediato, por lo general comenzando con oraciones por mis hijos y sus días, y pasando después a cualquier cosa o persona que el Señor pusiera en mi corazón. Espero que me muestre por qué debo orar, y Él siempre responde.

Años más tarde, esta práctica de la oración paciente es uno de mis hábitos más queridos y valiosos. Hago más por el reino cuando todo el mundo está dormido que lo que podría hacer el resto del día, porque confío en que el Señor escucha mi voz.

MÁS VERSÍCULOS PARA ESTUDIAR Y ORAR

Salmos 88:13; 130:5

VERSÍCULO DEL DÍA

Oh Jehová, de mañana oirás mi voz; de mañana me presentaré delante de ti, y esperaré. —Salmos 5:3

ORACIÓN

Padre, ayúdame a aprovechar al máximo el tiempo que me das. Ayúdame a ver las interrupciones del día a día como posibles llamadas a la oración por mi familia, mis seres queridos, y cualquier otra persona que tú pongas en mi camino. Haz de mí una guerrera de oración fiel y paciente para tu reino. En el nombre de Jesús, amén.

PIENSA

_____

_____

_____

ORA

_____

_____

_____

ALABA

_____
_____
_____

PENDIENTES	LISTA DE ORACIÓN
_____	_____
_____	_____
_____	_____

PREGUNTAS PARA UNA REFLEXIÓN MÁS PROFUNDA

1. ¿Alguna vez has sentido que el Espíritu Santo te guiaba a orar por alguien? Describe lo que sentiste. ¿Hiciste caso a ese sentimiento?

_____
_____
_____

2. ¿Cómo sería si llenaras de oración los momentos en los que no tienes nada que hacer? Esta semana, en lugar de intentar llenar cada espacio de tiempo muerto con información o entretenimiento, quédate en silencio y ora. Si necesitas ayuda para comenzar, intenta hacer lo que hago yo en la noche y en la mañana: comienza por tu familia y continúa a partir de ahí.

_____
_____
_____

Parte Dos

PODEMOS SER PACIENTES POR QUIÉN ES EL SEÑOR

EL SEÑOR ES SANTO

Vosotros, pues, oraréis así: Padre nuestro que estás en los cielos, santificado sea tu nombre.
—Mateo 6:9

¿Cuándo fue la última vez que te detuviste a pensar en el hecho de que Dios es tu Padre y lo que eso significa para tu vida diaria?

Yo tengo un padre estupendo, pero mi padre no lo tuvo. De hecho, su padre terrenal los abandonó a él y a sus dos hermanos, y los dejó desamparados. Mi abuela le escribía a menudo rogándole que ayudara para pagar zapatillas, facturas médicas y otras necesidades básicas, pero él no lo hizo (o a menos no de modo habitual). Para poder salir adelante, ella tuvo que mudarse de nuevo con sus padres por un tiempo, lo cual estoy segura de que fue, hasta cierto punto, humillante.

Al haber crecido sin un padre y sabiendo de primera mano cuán importante es un padre para una familia, mi padre y sus dos hermanos decidieron ofrecer algo diferente a sus familias. Ellos fueron padres presentes y, con esa decisión, me enseñaron a mí lo que hace un buen padre.

Un buen padre cuida de su familia.

Un buen padre lidera.

Un buen padre protege.

Un buen padre instruye.

Un buen padre corrige.

Un buen padre provee.

Un buen padre ama.

Cuando oramos el Padre Nuestro, estamos orando al Padre que es todas estas cosas y más. Incluso si nuestro padre terrenal cometió errores y no estuvo ahí para nosotras, tenemos la buena noticia de que nuestro Padre celestial es todo lo que necesitamos en todo momento, y Él no falla. Él es nuestro Padre bueno.

Pero también es más que eso.

A un buen padre terrenal se le puede elogiar, amar, tener en alta estima, o incluso reverenciar, pero el nombre de nuestro Padre celestial debería ser santificado.

El diccionario *Merriam-Webster* define *santificado* como "santo, consagrado; sagrado, reverenciado". El teólogo estadounidense John Piper dice: "Santificar puede significar *hacer* que algo sea santo o *tratarlo* como tal. Cuando Dios nos santifica, significa que Él nos hace santos; sin embargo, cuando nosotros lo santificamos a Él, lo que hacemos es tratarlo como santo".[12] Cuando acudimos por primera vez a Cristo se produce una transacción que nos da, de manera inmediata, la justicia de Cristo. En el instante en que profesamos nuestra fe en Jesús, Dios deja de vernos como pecadoras y comienza a vernos como personas cubiertas por la justicia de Cristo. Él fue perfectamente santo; y ahora, gracias a que estamos en Él, Dios nos ve también de esa forma.

Pero nuestra santidad o santificación se desarrolla con el tiempo. Al buscar una relación más profunda con Jesús (leyendo la Biblia, orando y caminando en obediencia), nos vamos transformando lentamente para parecernos cada vez más a Jesús en lo espiritual. Permitir que Dios nos cambie nos afecta a todos los niveles, y cuando lo tratamos como un ser santo (creyendo, confiando y temiéndolo a Él más que al hombre, santificándolo y guardando sus mandamientos), Él nos transforma a imagen de Cristo.

---

12. John Piper, "Hallowed Be Thy Name: In All the Earth", *Desiring God*, 4 de noviembre de 1984; www.desiringgod.org/messages/hallowed-be-thy-name-in-all-the-earth.

PARA PENSAR

A mí me encanta adorar, especialmente con canciones que me recuerdan quién es Dios. Los cristianos de todo el mundo declaramos la bondad, la soberanía y la santidad de Dios cada domingo y otros días de la semana cuando adoramos juntos en comunidad, pero el versículo de hoy no hace referencia solamente a eso.

Es también una petición.

No es que los creyentes declaren: "Dios, tu nombre es santificado". No; se trata de que los creyentes le pidamos a Dios que haga que su nombre sea santificado en nuestras vidas y en nuestras circunstancias, siendo plenamente conscientes del significado de esa palabra. De un modo hermoso, nuestra invitación a que Dios engrandezca su nombre en nuestras vidas nace de entender que Él *es* santo. Una viene de la otra; y la realidad es que Dios no puede hacer otra cosa. Él siempre busca que su nombre sea engrandecido, y lo engrandecerá. El primer versículo del Padre Nuestro es *nosotros pidiéndole a Él que engrandezca su nombre en nosotros.*

Podemos ser pacientes porque Dios está obrando en nosotras. Él siempre engrandecerá su nombre, así que podemos confiarle nuestras vidas.

MÁS VERSÍCULOS PARA ESTUDIAR Y ORAR

1 Samuel 2:2; Isaías 6:3

VERSÍCULO DEL DÍA

Vosotros, pues, oraréis así: Padre nuestro que estás en los cielos, santificado sea tu nombre.   —Mateo 6:9

ORACIÓN

Padre, sé santificado en mi vida, en mi corazón y en mi hogar… hoy y todos los días. Que mi deseo de reverenciarte y las decisiones que tome para hacerlo ayuden a mis seres queridos a ver que estoy siendo transformada a tu imagen, y a creer que puedes hacerlo también en ellos.

PIENSA

_____

_____

_____

ORA

_____

_____

_____

ALABA

_____

_____

_____

PENDIENTES

_____

_____

_____

LISTA DE ORACIÓN

_____

_____

PREGUNTAS PARA UNA REFLEXIÓN MÁS PROFUNDA

1. ¿Tuviste un buen padre?

_____

_____

_____

2.   ¿De qué modo influyó (o influye) tu padre terrenal en la forma en que ves a tu Padre celestial? Incluso si tu padre terrenal fue bueno, toma un minuto para reflexionar acerca de las maneras en que piensas que Dios es como él. ¿Son bíblicamente precisas?

_____

_____

_____

Día 17

EL SEÑOR ES BUENO

Venga tu reino. Hágase tu voluntad, como en el cielo,
así también en la tierra.
—Mateo 6:10

Creo que una de las verdades más profundas que Dios me mostró en medio de la locura del año 2020 fue la diferencia entre orar para que venga *mi* reino y para que venga el *suyo*.

Confieso que probablemente más de la mitad de las veces cuando oro, le estoy pidiendo a Dios que edifique *mi* reino (cosas que quiero, cosas que siento que necesito, o cosas que harían que mi vida fuera más fácil). No estoy diciendo que esté mal pedirle a Dios lo que necesitamos… siempre que recordemos que Él está en el proceso de edificar *su* reino y no el nuestro.

Elisabeth y Jim Elliot, junto con otras cuatro parejas, fueron misioneros a los indios auca, una comunidad extremadamente violenta y un pueblo no alcanzado en Ecuador. Después de meses de preparación, oración y pequeños contactos puntuales con los auca, los cinco hombres del grupo (Jim, Pete Fleming, Nate Saint, Roger Youderian y Ed McCully) aterrizaron con su pequeña avioneta cerca del río Curaray. Tenían la esperanza de poder compartir el evangelio aquel día.

En lugar de eso, los cinco fueron asesinados por los auca, que los atravesaron con sus lanzas.[13]

---

13. Kristi Walker, "Who Were the Five Missionaries Who Died in the Ecuador Jungle?", Christianity.com, 6 de enero de 2020; www.christianity.com/wiki/history/who-were-the-five-missionaries-who-died-in-the-ecuador-jungle.html.

He leído los reportes de antes y después de ese día, así que sé que ese viaje había sido cubierto en oración y que los hombres creían firmemente estar actuando conforme a la voluntad de Dios. También sé que las cinco esposas oraban diligentemente para que Dios protegiera a sus esposos. Tenían hijos pequeños que necesitaban a sus padres, pero a pesar de sus ruegos sinceros, Dios dijo *no*. La respuesta a sus oraciones fue *no*.

Una vez escuché a Elisabeth Elliot enseñar acerca del Padre Nuestro, y en esa enseñanza compartió algunas de las oraciones y conversaciones que tuvo con Dios después de la muerte de Jim. Los Elliot tenían una hija de tan solo dos años cuando su papá fue asesinado, y en una oración en particular Elisabeth le preguntó a Dios por qué. ¿Por qué decidió quitarle a una niña pequeña a su maravilloso papá consagrado, siendo que ella seguramente ni siquiera podría recordarlo? Parece una pregunta razonable, y sé que yo seguramente estaría tentada a hacerla si estuviera en la situación de Elisabeth. Sin embargo, la respuesta que ella sintió que Dios le daba fue la siguiente: "Mi obra es extender un reino, y tengo en mente a muchas otras personas más allá de ti y tu hija huérfana de padre".

Caramba. Creemos que suena duro, pero es cierto. Y este cambio de perspectiva (darnos cuenta de que somos una parte muy pequeña del plan maestro de Dios) nos ayuda a ofrecerle nuestros corazones con más libertad. También nos ayuda a aceptar cuando Él dice *no* o *espera*.

Veo que, cuando me enojo con Dios por lo que a mí me parece una falta de respuesta a mi oración, es porque me importa más *mi* reino que el suyo; porque me importa más que se haga *mi* voluntad que la suya.

Elisabeth Elliot dijo: "En mi experiencia, cuando oro pidiendo 'que se haga tu voluntad', normalmente implica que mi propia voluntad es desechada". Eso es cierto, pero yo añadiría que poder orar diciendo "que se haga tu voluntad" en primer lugar requiere mucha confianza en la idea de que Dios es bueno, sin importar lo que ocurra.

PARA PENSAR

Salmos 84:11 nos dice que Dios no negará ningún bien a sus hijos. Eso es reconfortante... pero me pregunto si siempre confiamos en que Dios sea quien establezca la definición de *bueno*.

Como seres humanos, solo vemos en parte, pero Dios ve el cuadro completo de cómo hará que *todo* nos ayude para bien (ver Romanos 8:28). De hecho, a veces llamamos "bueno" a cosas que no son buenas o que obstaculizan lo que Dios está intentando hacer a largo plazo. Desde nuestro punto de vista, versículos como Salmos 84:11 pueden parecer falsos... pero no lo son. Como escribí en *Gospel-Centered Mom* [Una mamá centrada en el evangelio]:

> En todas las circunstancias de la vida podemos ver lo que Dios está haciendo desde dos perspectivas: la temporal o la eterna. Una de ellas busca encontrar el propósito inmediato para nuestras circunstancias actuales. Le preguntamos al Señor: "¿Por qué permites (o no permites) que ocurra esto? ¿Por qué estoy pasando por esto? ¡Necesito saber el propósito de mi dolor o incomodidad o dificultades ahora mismo!". La segunda perspectiva, que es mucho más importante, es pensar en el propósito eterno y mucho mayor que Dios tiene. Incluye todo lo que no podemos ver, y un propósito trascendental y mucho mayor que ha existido desde el principio de los tiempos.[14]

Dios es bueno.

Pero si no entendemos bien nuestra parte en el plan de Dios, o incluso el simple hecho de que hay un plan mayor que todo aquello que podemos ver, lo pasaremos mal. Dios decide lo que es bueno, y la fe pone su confianza en lo que Él cree que es mejor.

Dios no negará ningún bien a sus hijos; y, si Él nos niega algo que creíamos que era bueno, es porque realmente no era lo mejor.

Podemos ser pacientes porque sabemos que Dios ve el cuadro más grande que es eterno, y que Él quiere lo mejor para nosotras.

---

14. McGlothlin, *Gospel-Centered Mom*, p. 59.

MÁS VERSÍCULOS PARA ESTUDIAR Y ORAR
Salmos 27:13; 84:11

VERSÍCULO DEL DÍA

Venga tu reino. Hágase tu voluntad, como en el cielo, así también en la tierra. —Mateo 6:10

ORACIÓN

Padre, ayúdame a creer que tú eres bueno sin importar lo que ocurra. La mayoría de las veces, mi impaciencia nace de querer que tú te muevas más rápido o de cuando no me gusta que digas *no*. Ayúdame a confiar en ti y amplía mi visión de cómo tú estás trayendo tu reino a la tierra, para que pueda ser parte de él. En el nombre de Jesús, amén.

PIENSA

_____

_____

_____

ORA

_____

_____

_____

ALABA

_____

_____

_____

PENDIENTES   LISTA DE ORACIÓN

_____   _____

_____   _____

_____   _____

PREGUNTAS PARA UNA REFLEXIÓN MÁS PROFUNDA

1. ¿Qué piensas realmente del modo en que Elisabeth Elliot sintió que Dios respondía a su pregunta del devocional de hoy? Sé sincera. ¿Te molesta?

_____

_____

_____

2. Algunas veces, la verdad (la verdad más grande que va más allá de nuestras circunstancias insignificantes, por muy importantes que parezcan) es difícil de digerir. Pídele al Señor que te ayude a ver lo que no puedes ver, y comparte la realidad de tu situación con una amiga de confianza, pídele que ore para que Dios te ayude a confiar en su bondad sin importar lo que ocurra.

_____

_____

_____

Día 18

EL SEÑOR ES FIEL

El pan nuestro de cada día, dánoslo hoy.
—Mateo 6:11

Me gusta pensar que este versículo es un recordatorio de lo mucho que necesitamos a Dios. Por ejemplo, la comida y el agua son las necesidades más básicas de los seres humanos; literalmente, no podemos sobrevivir sin ellas por mucho tiempo. Sin embargo, en este versículo tomado del medio del Padre Nuestro, al enseñarnos a pedir nuestro pan diario, Jesús nos está recordando lo mucho que lo necesitamos a Él.

De acuerdo a la cultura de hoy que promueve el empoderamiento, muchas veces creemos que no necesitamos ayuda. No estoy desprestigiando la idea, completamente bíblica, de trabajar para conseguir lo que necesitamos; yo solía tener un cartel en mi refrigerador que citaba 2 Tesalonicenses 3:10 (NVI): *El que no quiera trabajar, que tampoco coma.* Quería enseñarles a mis hijos la importancia de hacer los trabajos, terminar las tareas, o recoger el desorden que pudieran crear. A veces, los fines de semana no les dejaba comer hasta que terminaran sus tareas. La habilidad y la disposición para trabajar duro es importante, pero en los Estados Unidos lo hemos llevado demasiado lejos. No parece haber mucha necesidad de Dios porque podemos conseguir casi cualquier cosa que necesitemos sin Él.

Hasta que no podemos.

Antes de tener hijos, había completado todas las metas que tenía en mi vida. Todas. Sabía que necesitaba a Jesús para ser salva, pero cuando llegaron mis hijos me di cuenta como nunca antes de que no solo necesitaba a Dios; lo necesitaba *desesperadamente*. Necesitaba a Dios cada momento de cada día. No tenía las herramientas interiores que necesitaba para ser la mamá que quería ser, así que aprendí rápidamente a clamar al Señor en medio de mi día a día. Incluso el simple hecho de gritar: "¡Jesús, ayúdame!" me hacía sentir que Jesús estaba, en efecto, cerca de mí y quería ayudar. De hecho, reconocer mi necesidad y darme cuenta de que no podía hacer sola esto de ser mamá fue lo que me llevó a orar en un principio.

Pero este versículo tiene más cosas que enseñarnos.

PARA PENSAR

En esta sección del Padre Nuestro, Jesús nos recuerda también que Él es el dador de todos los buenos regalos. Todas las cosas buenas que tenemos vienen de Él. Observemos que, en este punto, Dios no nos está pidiendo nada a cambio. No dice: "Te daré tu pan de cada día si haces esto…". No, dice que solo tenemos que pedirle que nos dé las cosas que necesitamos.

Sin embargo, hay una condición, y apuesto a que ya sabes cuál es, ¿no es cierto? Hay una diferencia entre lo que *pensamos* que necesitamos y lo que Dios *sabe* que necesitamos. En los momentos difíciles de cada día podríamos sentirnos tentadas a pensar que lo que más necesitamos es que nuestras finanzas estén en orden, o que las dificultades en nuestro matrimonio sean sanadas. No estoy diciendo que esas cosas no sean importantes, pero son necesidades temporales y no eternas. Orar para que Dios nos dé nuestro pan de cada día significa que aceptaremos lo que Él nos provea.

La buena noticia es que nuestro Dios es quien se inclina para escucharnos y así oír y ver exactamente lo que necesitamos (ver Salmos 116:2). Pero es importante recordar que tú y yo, nuestros hijos y nuestros seres queridos, no somos las únicas personas en la tierra a las que Dios está escuchando, y que no es nuestro reino el que está edificando, sino el de Él. Como creyentes, todas somos parte de un cuadro mucho mayor, y debemos ser capaces de ver cualquier cosa que el Señor ponga delante de nosotras, sea buena o mala, y confiar en que eso es exactamente lo que Él quiere que tengamos.

Podemos ser pacientes porque sabemos que Dios ve nuestras necesidades y las suplirá en su tiempo, que es perfecto.

MÁS VERSÍCULOS PARA ESTUDIAR Y ORAR

Salmos 116:2; Lamentaciones 3:22-23

VERSÍCULO DEL DÍA

El pan nuestro de cada día, dánoslo hoy.   —Mateo 6:11

ORACIÓN

Padre, ayúdame a recordar que tú no estás alejado allí en el cielo, preguntándote qué estará ocurriendo en mi vida. Tú eres el Dios que se inclina para escuchar, y lo que oyes es mi clamor así como el de todos tus hijos. Puedo confiar en tu provisión. En el nombre de Jesús, amén.

PIENSA

_____

_____

_____

ORA

_____

_____

_____

ALABA

_____

_____

_____

PENDIENTES   LISTA DE ORACIÓN

_____   _____

_____   _____

_____   _____

PREGUNTAS PARA UNA REFLEXIÓN MÁS PROFUNDA

1. ¿Alguna vez te has sentido tentada a pensar que no necesitas a Dios?

_____

_____

2. ¿Alguna vez has vivido un momento decisivo, un antes y un después, en el que supiste sin lugar a dudas lo mucho que necesitabas a Dios? Toma un minuto para describir por qué ese momento fue un regalo.

_____

_____

Día 19

EL SEÑOR PERDONA

Y perdónanos nuestras deudas, como también nosotros
perdonamos a nuestros deudores.
—Mateo 6:12

Cuando estaba en la universidad, escribí un trabajo sobre el perdón que analizaba su impacto en nuestra salud mental y emocional. Las investigaciones que encontré tenían resultados asombrosos, pero eso no debería sorprendernos mucho como cristianos. Aferrarnos a la falta de perdón, o incluso no pedir perdón, nos afecta a nivel biológico. Puede causar estrés, dolor de cabeza, cambios repentinos de humor, e incluso enfermedad. A nivel personal, en nuestro propio hogar la falta de perdón puede impedir que tratemos a otra persona de la manera correcta.

Hace un par de años tuve un encuentro con Jesús junto a mi hijo pequeño. Este es el hijo que causó la mayor parte de mi desesperación como mamá primeriza, y el que me enseñó a pelear por mis hijos en lugar de pelear contra ellos, ¡así que espero que esto te ayude a ver la escena desde una perspectiva correcta! Él estaba en la silla reclinable y yo sentada en el piso a sus pies. Le había dado la oportunidad de explicar su comportamiento, que había estado muy por debajo de las expectativas que teníamos de él, cuando me dijo que no entendía por qué estaba tan enojada con él.

Sin saberlo, había metido el dedo en una herida abierta que yo tenía. Le expliqué que la razón por la que esa clase de comportamiento me disgustaba tanto era porque sentía que habíamos estado lidiando con ello durante muchos, muchos, años. Le recordé que, cuando tenía cinco años, era una pesadilla. Ni siquiera puedo contar el número de veces que lo llevé a su cuarto mientras él pataleaba, gritaba, mordía y me pegaba, para intentar que se calmara lo suficiente y pudiera escucharme. Son incontables las veces que le canté en medio de sus berrinches, grité "¡Te amo!" por encima de sus gritos, o sujeté sus pequeños puños y sus piernas para que no me hiciera daño.

Cuando le contaba esas cosas, su boca se abría cada vez más hasta que finalmente dijo: "Mamá, yo nunca te hice eso. *Nunca. Nunca* te trataría de esa forma".

Yo dejé de hablar durante lo que pareció una eternidad para asimilar eso, y las lágrimas comenzaron a correr por mis mejillas, porque me di cuenta de que él no tenía ningún recuerdo de esos momentos que tanto definieron mis primeros años como mamá. Él ni siquiera se acordaba de todas las veces que yo había invertido tanto tiempo y esfuerzo en su crianza.

Ese fue un momento poderoso para mí en el que el Señor me mostró claramente que, durante mucho tiempo, albergué falta de perdón hacia él en mi corazón por algo que ocurrió en el pasado y que nadie sabía excepto yo. No solo eso, sino que el dolor de esa temporada estaba influenciando el modo en que lo trataba ahora, y eso no era justo para él. Hasta donde él sabía, nunca ocurrió. En su inocencia, me recordó la forma en que Dios olvida nuestro pecado.

Cuanto está lejos el oriente del occidente, hizo alejar de nosotros nuestras rebeliones.   (Salmos 103:12)

PARA PENSAR

La falta de perdón puede afectarnos a todos los niveles, incluso más porque Jesús pone una condición a esta parte de la oración. Él dice: *Perdónanos nuestras deudas, como también nosotros perdonamos a nuestros deudores* (algunas versiones de la Biblia dicen que debemos perdonar *pecados* o *transgresiones*). Tenemos tendencia a minimizar nuestros pecados y exagerar los de las personas que nos rodean. Pero si este versículo es verdad, es igual de importante que perdonemos a otros como que pidamos perdón.

Como señaló R. C. Sproul:

El motivo por el que debemos perdonar a otros está arraigado en el hecho de que hemos recibido misericordia y compasión extraordinarias. Todos somos deudores que no pueden pagar sus deudas a Dios; sin embargo, Él ha tenido la gracia de darnos perdón a través de Jesucristo. No me extraña que en el Padre Nuestro Jesús les enseñe a sus discípulos a decir: *Perdónanos nuestras deudas, como también nosotros perdonamos a nuestros deudores.* Existe un movimiento conjunto y paralelo de compasión que comienza cuando la recibimos de parte de Dios, y que continúa cuando mostramos esa misma compasión a otros. Dios deja claro que, si no tenemos compasión y albergamos venganza en nuestro corazón en lugar de estar dispuestos a perdonar una y otra vez, estaremos renunciando a cualquier perdón que nos ha sido concedido".[15]

Como mujeres de Dios, debemos aprender a ponernos al día con Dios constantemente, a acudir a Él todos los días para pedirle perdón cuando debemos hacerlo, y para que nos ayude a perdonar a otros, especialmente a aquellos que viven en nuestra propia casa. Podemos ser pacientes y perdonar a otros porque sabemos lo que a Dios le costó perdonarnos a nosotras.

MÁS VERSÍCULOS PARA ESTUDIAR Y ORAR

Salmos 32:5; 103:11

VERSÍCULO DEL DÍA

Perdónanos nuestras deudas, como también nosotros perdonamos a nuestros deudores.   —Mateo 6:12

---

15. R. C. Sproul, "Why Forgive?", Ligonier Ministries, 31 de enero de 2022; www.ligonier.org/learn/articles/why-forgive.

ORACIÓN

Padre, confieso que me cuesta perdonar. De hecho, sé que aunque decida perdonar, tendré que hacerlo una y otra vez. Ayúdame a confiar en ti en esta área y a perdonar a otros con la misma gracia y magnitud que tú me ofreces. En el nombre de Jesús, amén.

PIENSA

ORA

ALABA

PENDIENTES

LISTA DE ORACIÓN

PREGUNTAS PARA UNA REFLEXIÓN MÁS PROFUNDA

1. Mientras leías el devocional de hoy, ¿ha puesto Dios a alguien en tu corazón a quien tienes que perdonar?

_____

_____

_____

2. Reflexiona. ¿Qué te está costando aferrarte a cualquier falta de perdón que pudieras albergar?

_____

_____

_____

Día 20

EL SEÑOR NOS AYUDARÁ
A PERMANECER

Y no nos metas en tentación, mas líbranos del mal.
—Mateo 6:13

Hace varios años atrás, cuando mis hijos eran muy pequeños, yo tenía el hábito de entrar silenciosamente a sus cuartos para orar por ellos. En ese momento compartían cuarto, así que yo me sentaba en el piso al lado de su litera y ponía la mano sobre uno y luego el otro, orando por cosas específicas que quería que Dios hiciera en sus vidas. Cualquier mamá puede sentirse identificada con la idea de tener diablillos durante el día y angelitos durante la noche. No importa cuán difícil haya sido lidiar con nuestros hijos cuando estaban despiertos, verlos dormidos tiene algo que atrapa el corazón de cualquier mamá.

Una noche, me sentía particularmente impactada por cuán inocentes y preciosos se veían mientras dormían. Comencé a llorar y a rogarle a Dios que los guardara del mal. Lo que tenía delante de mí era tan puro, que se me rompió el corazón; y la idea de que el mundo quisiera venir por ellos me hizo querer ponerme delante y protegerlos físicamente.

A la mañana siguiente, asistí a un estudio bíblico para mujeres. Comenzamos en grupos pequeños en los que hablaríamos sobre el material que habíamos visto la semana pasada y oraríamos las unas por las otras. Durante el tiempo que me tocó hablar, compartí lo que había ocurrido mientras oraba por mis niños la noche anterior.

Una mamá, cuyos hijos eran mucho más grandes y ya estaban independizados, habló cuando yo terminé de contar la historia, y lo que compartió se me quedó grabado desde entonces. Dijo: "Brooke, estás pidiendo algo equivocado. Ellos verán y experimentarán el mal en este mundo, y no tiene nada de malo que ores para que Dios los guarde de él, pero serán tentados. Tu oración debería ser que, *cuando* se encuentren cara a cara con el mal, *cuando* sean tentados, se mantengan firmes".

¿Qué es el mal?

Según el griego original, el mal al que Jesús se refería en el Padre Nuestro es el maligno, Satanás mismo, no solo el mal en general. Llevo lo que parece toda una vida diciéndoles a mis hijos que el enemigo no es su amigo. Juan 10:10 dice: *El ladrón [Satanás] no viene sino para hurtar y matar y destruir.* El trabajo de Satanás es arruinarnos la vida. Ahora, siendo adolescentes, si les pregunto cuál es el trabajo de Satanás, esas palabras saldrán de sus bocas sin que se lo piensen dos veces; yo quería que esto fuera una verdad central en sus vidas. Dios es *por nosotros* y Satanás es *contra nosotros*.

En Génesis 4:7, justo a la mitad de la historia de Caín y Abel, Dios le dice a Caín: *Si bien hicieres, ¿no serás enaltecido? y si no hicieres bien, el pecado está a la puerta; con todo esto, a ti será su deseo, y tú te enseñorearás de él.* Yo solía sentarme en el piso con mis hijos, señalar a la puerta, y decir: "¿Ven esa puerta? Satanás está detrás de ella y quiere venir por ustedes. Tienen que resistirlo". Cuando eran muy pequeños, se levantaban para ir a mirar detrás de la puerta para ver si Satanás estaba ahí realmente. Yo les explicaba que Satanás no es como creemos que es, y no siempre es evidente o fácil de ver. Lo importante es que hay un enemigo que está esperando como un león agazapado a la vuelta de la esquina, observando y esperando el momento perfecto para saltar y actuar (ver 1 Pedro 5:8).

PARA PENSAR

Cuando Jesús les enseñó a sus discípulos a pedirle a Dios que los librara del mal en el Padre Nuestro, no les estaba diciendo que simplemente oraran diciendo: "Señor, protégeme". Les estaba diciendo que fueran conscientes de que realmente hay un enemigo de nuestras almas cuya única tarea es destruirnos. Necesitamos pedirle a Dios que nos proteja de sus maquinaciones y nos dé la fuerza para permanecer firmes en la fe cuando seamos tentadas.

Una vez, mi hijo de quince años me preguntó por qué Satanás está tan interesado en nosotros los cristianos. Me pareció una pregunta muy interesante; después de todo, ¿no sería mejor para Satanás impedir que quienes no son cristianos lleguen a conocer a Cristo? Sería más lógico que se enfocara en ellos en lugar de enfocarse en nosotros. La respuesta a esa pregunta es que, aunque Dios quiere que utilicemos nuestras vidas para mostrar su amor a las personas sobre las que tenemos influencia, incluyendo aquellos más cercanos a nosotros, Satanás quiere usarnos de la misma manera. ¿No sería mucho mejor, desde la perspectiva de Satanás, destruir la vida de un creyente frente a las personas sobre las que él o ella tiene influencia para que a quienes no son cristianos les parezca que no vale la pena seguir a Jesús?

Podemos ser pacientes porque Dios quiere usarnos como testimonios vivos de su amor y su provisión para aquellos a los que quiere salvar.

MÁS VERSÍCULOS PARA ESTUDIAR Y ORAR

Éxodo 34:6; Números 14:18

VERSÍCULO DEL DÍA

Y no nos metas en tentación, mas líbranos del mal.

—Mateo 6:13

ORACIÓN

Padre, sé nuestro escudo en este mundo. Cuando venga la tentación, danos la fuerza para mantenernos firmes, y ayúdanos a amarte de tal manera que aquellos con los que vivimos y los que están a nuestro alrededor y por todo el mundo, sean atraídos a ti. En el nombre de Jesús, amén.

PIENSA

_____

_____

_____

ORA

_____

_____

_____

ALABA

_____

_____

_____

PENDIENTES   LISTA DE ORACIÓN

_____   _____

_____   _____

_____

PREGUNTAS PARA UNA REFLEXIÓN
MÁS PROFUNDA

1. ¿Alguna vez pensaste en orar por tu hijo o tu hija para que
    se mantenga firme cuando sea tentado(a)? ¿Cómo te hace
    sentir el saber que serán tentados y que no puedes hacer
    nada para impedirlo?

_____

_____

_____

2. ¿Hay algún modo en que Dios te está llamando a resistir la tentación?

_____

_____

_____

Día 21

EL SEÑOR ES JUSTO

Si confesamos nuestros pecados, él es fiel y justo para perdonar nuestros pecados, y limpiarnos de toda maldad.
—1 Juan 1:9

"¡No es justo!".

Todos los niños han gritado estas tres palabras en algún momento de su vida. Cuando yo era pequeña, solía ser la policía de la justicia, y recuerdo pronunciarlas muchas veces cuando pensaba que un amigo había recibido más comida que yo o jugaba con un juguete más tiempo. Ahora, como mamá de adolescentes, escucho estas palabras en muchos formatos:

- "Has sido demasiado blanda".
- "Nunca lo castigas como me castigas a mí".
- "A mí nunca me habrías dejado hacer eso".

Mis hijos no se llevan mucho tiempo (nacieron con veintitrés meses de diferencia) y, cuando eran pequeños, fui tentada a tratarlos exactamente igual. Nacieron con tan poca diferencia de tiempo, que muchas veces me parecía que estaba criando a una sola unidad de hijos en lugar de dos niños diferentes. De hecho, al principio creo que me perdí algunas de sus características únicas porque pensaba que eran muy parecidos. Resulta que eran bastante diferentes y necesitaban diferentes estilos de crianza para suplir sus necesidades.

Ahora, años después, a veces me acusan de tratarlos diferente... ¡porque lo hago! No siempre los corrijo o los disciplino de la misma manera. La Biblia no da muchas instrucciones específicas para los padres, lo cual me lleva a creer que tengo mucha libertad en la forma en que intento llegar a sus corazones. Y, aunque puede que no les parezca justo a ellos en el momento, yo sé la verdad.

Ellos no quieren lo que es realmente justo.

Trabajé durante muchos años en centros para embarazos en crisis. Como parte de mi trabajo de consejería, cuando estaba en una sesión con alguien y surgía la oportunidad, compartía el evangelio. No lo hice con todas y cada una de mis clientas (la puerta del alma de algunas mujeres estaba firmemente cerrada), pero sí intenté compartir al menos una parte de las buenas noticias con cada mujer, aunque solo fuera mostrando amor incondicional. Si el Señor abría un camino, mi manera de presentar el evangelio y la conversación que resultaba con la mujer sentada en el sofá delante de mí solía ser parecido a lo siguiente:

Imagina que estás en un juzgado a punto de comparecer ante el juez por crímenes de los que sabes que eres culpable; no tienes dudas acerca de tu culpabilidad. De hecho, se ha demostrado que eres culpable más allá de toda duda razonable. Lo único que queda es que recibas tu castigo. El juez entra al juzgado y todo el mundo se calla. Tú cierras los ojos esperando escuchar las palabras que cambiarán tu vida para siempre... palabras que sabes que mereces... cuando, repentinamente, oyes que se abre una puerta al fondo de la sala. Abres los ojos y ves entrar a un hombre que no conoces y que se acerca al juez. Hablan en voz baja durante unos minutos, haciendo y respondiendo preguntas, y después el hombre se da media vuelta y se va.

Confundida, esperas a que el juez hable. Tarda un momento en ordenar sus pensamientos, pero después de unos segundos se aclara la garganta y dice: "Puedes irte". Asombrado, tu abogado pide una explicación. "¿Qué acaba de ocurrir?", pregunta. El juez te mira y dice: "Eres culpable del crimen; pero este hombre, el que acaba de entrar en la sala, ha tomado el castigo que tú merecías. Tomará sobre sí mismo la totalidad de lo que mereces; dijo que te ama, y que por propia voluntad tomó tu castigo sobre sí mismo. Ya está. Puedes marcharte".

En este punto, la mujer con la que estaba trabajando ese día casi siempre decía: "¡Eso no es justo!". ¿Sabes qué le respondía yo? "Lo sé. No lo es".

PARA PENSAR

Dios es un Dios justo; Él hace todo bien y no comete errores. Según Hechos 10:34 no hace acepción de personas y aborrece que se maltrate a aquellos que el mundo considera imperfectos. La otra cara de esa justicia e imparcialidad es que, cuando pecamos (y todos pecamos), Él también debe darnos lo que merecemos: todos merecemos ir al infierno. Por eso, lo que Jesús hizo en la cruz es tan importante; por eso, cuando comparto la historia del hombre en el juzgado, parece injusto; aunque la verdad es que la justicia perfecta de Dios fue volcada sobre su Hijo perfecto. No tenemos que recibir la paga de nuestros pecados porque Jesús ya tomó ese castigo sobre sí. No es justo, pero la verdad es que no nos conviene que se haga justicia.

Tampoco les conviene a nuestros hijos.

Sin embargo, para que lo que Jesús hizo en la cruz tenga validez sobre nuestras vidas, tenemos que poner nuestra fe en Él. Jesús hizo la oferta, y la obra está hecha. Lo único que tenemos que hacer es creerlo, aceptarlo, y después vivir en gratitud y amor hacia Él todos los días durante el resto de nuestras vidas.

Podemos ser pacientes porque servimos a un Dios justo que no nos da lo que merecemos gracias a lo que Jesús hizo en la cruz.

MÁS VERSÍCULOS PARA ESTUDIAR Y ORAR

Hechos 10:34; Romanos 3:23

VERSÍCULO DEL DÍA

Si confesamos nuestros pecados, él es fiel y justo para perdonar
nuestros pecados, y limpiarnos de toda maldad.   —1 Juan 1:9

ORACIÓN

Padre, gracias por abrir un camino para mí. No merezco
que mi pecado sea perdonado, pues es grande y merece el
infierno, pero tú me has ofrecido algo diferente. Ayúdame a
vivir hoy de una manera que refleje que lo creo, Señor. Y que
mis hijos puedan ver tu gracia obrando en mí. En el nombre
de Jesús, amén.

PIENSA

_____

_____

_____

ORA

_____

_____

_____

ALABA

_____

_____

_____

PENDIENTES   LISTA DE ORACIÓN

_____   _____

_____   _____

_____   _____

PREGUNTAS PARA UNA REFLEXIÓN
MÁS PROFUNDA

1. ¿Cuándo fue la última vez que sentiste que te ocurrió algo que no era justo?

_____

_____

_____

2. Muy a menudo nos ocurren cosas que no son justas. ¿De qué manera recordar lo que Jesús hizo por ti en la cruz cambia tu actitud sobre esto?

_____

_____

_____

EL SEÑOR ES MISERICORDIOSO

El Señor es compasivo y misericordioso,
lento para enojarse y está lleno de amor inagotable.
—Salmos 103:8 (NTV)

Me pregunto si podríamos soportar un entendimiento total de lo increíblemente misericordioso que es Dios con nosotras. Cuando era joven pero ya adulta, a menudo meditaba en Efesios 6:12 que dice: *Porque no tenemos lucha contra sangre y carne, sino contra principados, contra potestades, contra los gobernadores de las tinieblas de este siglo, contra huestes espirituales de maldad en las regiones celestes.* ¿Había realmente espíritus invisibles luchando a mi alrededor? ¿Estaban los ángeles de Dios defendiéndome a mí y a todos los hijos de Dios librando una batalla espiritual épica? ¿Qué pasaría si pudiera verlo? ¿Podría yo, con todo lo humana que soy, soportarlo? ¿Sería demasiado como para poder asimilarlo? Tal vez por eso Dios no nos permite verlo, sino solo saber que está ocurriendo.

Sin duda, parte de la misericordia de Dios es impedir que veamos cosas que no seríamos capaces de asimilar, y tomar medidas para protegernos en la guerra visible e invisible por nuestros corazones. Tenemos un enemigo cuyo único trabajo es matar, robar y destruir, pero el Señor pelea por su pueblo (ver, respectivamente, Juan 10:10 y Éxodo 14:14). Pero la actitud misericordiosa de Dios con nosotras no es solo para librarnos del peligro sino también porque Él es generoso, cortés, amable y bueno.

¿Es así como ves a Dios? ¿Como tu generoso proveedor? ¿Respetuoso y considerado con tus necesidades? ¿Amable y bondadoso? ¿Agradable compañía? Algunas personas lo consideran un capataz implacable; un Dios que demanda obediencia con mano dura. Dios es santo y glorioso y sí, exige obediencia. Cuando tú y yo dijimos sí a Jesús, le dimos el derecho de hacer lo que quisiera con nuestras vidas, y eso significa que nuestra tarea es cooperar con cualquier cosa que Él ponga en nuestro camino. Es nuestro Creador, así que tiene derecho a pedir esas cosas. ¡Pero Dios es mucho más que solo eso!

+ Si fuera solo un Dios exigente, sería cruel. Él no es cruel.

+ Si fuera solo un Dios exigente, sería frío. Él no es frío.

+ Si fuera solo un Dios exigente, sería distante. Él no está lejos.

La verdadera naturaleza de Dios es mucho más que solamente exigencia. Él es:

+ Compasivo, lo que significa que le importan (y mucho) las dificultades que enfrentamos.

+ Paciente, esperando para hacernos madurar en el momento correcto y soportando nuestros errores por el camino.

+ Lento para la ira, y no nos da lo que merecemos por nuestros pecados.

+ Un ser que rebosa de fidelidad y amor puro.

Y sí, es misericordioso.

PARA PENSAR

Si tuviera que hacer una lista de todas las maneras en que Dios ha sido misericordioso conmigo tan solo esta mañana, sería parecida a la siguiente:

+ Me desperté en una cama calentita, con mi esposo al lado.

+ Mis dos hijos despertaron y tienen salud.

+ Esta mañana tuve suficiente comida para alimentarme y darle también a mi familia.

+ Pudimos abrir la Biblia juntos alrededor de la mesa del desayuno antes de que mis hijos se fueran a la escuela.

+ Tuvimos suficiente gasolina en el auto para llegar hasta donde teníamos que llegar.

+ Tuve agua caliente para darme una ducha.

+ Tuve electricidad que me ayudó a prepararme para el día.

+ Tuve ropa para abrigarme.

+ Tuve acceso a una Biblia y a un sillón cómodo para sentarme mientras la leía y oraba.

+ Tuve pluma y papel para tomar notas y apuntar lo que Dios me ha estado enseñando.

+ Tengo una computadora y acceso al internet, lo cual me permite seguir la voluntad de Dios para mí en esta temporada de mi vida.

+ Tuve suficientes restos de la cena de ayer como para almorzar hoy.

+ Tengo amigos que me ayudan a hacer cosas que no puedo hacer sola.

Y esa lista es solo de la gracia que Dios me ha mostrado antes del mediodía. Otras personas tendrán listas diferentes con un sinfín de maneras en las que Dios nos muestra su gracia y misericordia.

Podemos ser pacientes y poner nuestras vidas en manos del Señor, porque Dios es increíblemente misericordioso.

MÁS VERSÍCULOS PARA ESTUDIAR Y ORAR

Éxodo 34:6; Números 14:18

VERSÍCULO DEL DÍA

El Señor es compasivo y misericordioso, lento para enojarse y está lleno de amor inagotable. —Salmos 103:8, (NTV)

ORACIÓN

Padre, gracias por ser tan bueno y misericordioso conmigo. Dale a mi familia la capacidad de ver tu bondad para con nosotros hoy, incluso (y especialmente) en los detalles para que podamos tener fe para creerte en las cosas más grandes. En el nombre de Jesús, amén.

PIENSA

_____

_____

_____

ORA

_____

_____

_____

ALABA

_____

_____

_____

PENDIENTES

LISTA DE ORACIÓN

PREGUNTAS PARA UNA REFLEXIÓN MÁS PROFUNDA

1. Haz una lista como la mía que incluya todas las formas que se te ocurran en las que Dios ha sido misericordioso contigo en el día de hoy.

---

2. Dios siempre está obrando en tu vida y en las de tus seres queridos, haciendo que todo sea para bien. Esta noche en la cena o la próxima vez que toda tu familia esté reunida, pídeles a todos que compartan una forma en la que el Señor ha sido misericordioso con ellos ese día. Debes estar lista para hablar tú primero para dar ejemplo.

Día 23

EL SEÑOR NO CAMBIA

Porque yo Jehová no cambio; por esto, hijos de Jacob,
no habéis sido consumidos.
—Malaquías 3:6

Nada ha puesto más a prueba mis habilidades organizativas que sobrevivir a mis estudios superiores en la universidad.

Pasé por la secundaria y mi grado universitario sin tener nunca un calendario o escribir fechas importantes en otro lugar que no fuera el programa académico del curso. Cuando empecé mis estudios de posgrado, todo eso cambió. Sobreviví a las primeras semanas de estudios antes de que hubiera que entregar ningún trabajo con poco estrés y poco temor a lo que podría salir mal. Había sido buena estudiante toda mi vida; mis metodologías, que no eran muchas, siempre habían sido suficientes. Hasta que, una mañana, sentada en una de mis clases favoritas con el Dr. Gene Mastin, él nos recordó que había que entregar un trabajo importante en menos de una semana. Además, mostró una copia del libro que estábamos leyendo y nos enseñó por dónde deberíamos ir en nuestra lectura aproximadamente si queríamos escribir los resúmenes de los capítulos a tiempo.

Ahora sí que estaba estresada.

Me di cuenta de que estaba tan atrasada en las tareas que era muy posible que no pudiera ponerme al día, y entré en pánico. No lo hice intencionadamente, y no era una estudiante perezosa; simplemente se me había olvidado mirar las fechas en el calendario académico y, como resultado, tenía un gran problema.

Después de desmoronarme por completo al teléfono con mi papá, fui a la papelería más cercana y compré uno de esos calendarios gigantes de escritorio y otro calendario que cabía en el interior de mi cuaderno principal. Después regresé a mi apartamento, me senté en el piso rodeada de los calendarios académicos de mis cuatro asignaturas, y comencé a planificar. Empecé escribiendo las fechas de entrega en el calendario más grande y partí de ahí, dividiendo los trabajos en pequeñas partes y diseñando un horario que me permitiría terminarlos con tiempo de sobra. Viví según esos calendarios durante los dos años que tardé en completar los estudios, y hoy reconozco que ese momento de pánico me impulsó a tomar control de mi vida y aprender a organizarme para terminar las cosas que tenía que hacer.

Ahora, más de veinte años después, sigo apuntando las cosas para recordarlas. Utilizo una agenda diaria física en la que puedo anotar a lápiz información importante, porque en la era de la electrónica eso me ayuda a tener control sobre mis días. Si no anoto un evento o una fecha de entrega, es como si no existiera. No siempre planifico estratégicamente cada paso de las tareas que tengo que hacer, pero sí planifico cada día reservando tiempo para cosas importantes en mi lista de pendientes y así evitar que se me olviden.

En el libro de Malaquías, el pueblo de Dios había olvidado; concretamente, habían olvidado lo mucho que Dios los amaba, y habían perdido el temor a su Creador.

PARA PENSAR

Dios envió al profeta Malaquías al pueblo de Israel para hacerles una advertencia severa.

- Habían perdido su amor por Dios.
- Estaban deshonrando su nombre.
- Estaban rompiendo los pactos que habían hecho con Él, pero seguían esperando sus bendiciones.

Pensaban que Dios era como ellos: que podía ignorar sus pecados como si no importaran. Pensaban que Él pasaría por alto sus ofensas y seguiría bendiciéndolos cuando lo pidieran. Yo hice algo similar al principio de mis estudios de posgrado, solo que de una manera menos peligrosa en cuanto a lo que a la eternidad se refiere. Pensé que podría sobrevivir con el mismo esfuerzo que había hecho en mis estudios anteriores y que Dios bendeciría mis esfuerzos como siempre lo había hecho. Pero Dios no es como nosotros en ese sentido; Él no pasa por alto el pecado, y tampoco desperdicia oportunidades para ayudarnos a crecer. De hecho, una de las cosas más consoladora del carácter de Dios es que Él *no* cambia.

¿Podría ser, en parte, que la razón por la que nos impacientamos con el Señor y sus tiempos en nuestra propia vida y en las vidas de nuestros hijos es que se nos olvida que Dios nunca cambia?

Ayer analizamos la verdad de que Dios no es solo un capataz que exige obediencia con mano dura, sino que también es santo, glorioso, bueno, cortés, generoso, y está lleno de amor para con sus hijos. Sí, exige obediencia, pero no cambia. Él es Dios. *Dios fiel, que guarda el pacto y la misericordia a los que le aman y guardan sus mandamientos, hasta mil generaciones* (Deuteronomio 7:9).

Podemos ser pacientes porque servimos a un Dios que no cambia, cuya fidelidad perdura por mil generaciones y que tiene planes de bien para nosotras.

MÁS VERSÍCULOS PARA ESTUDIAR Y ORAR

Deuteronomio 7:9; Salmos 102:27

VERSÍCULO DEL DÍA

Porque yo Jehová no cambio; por esto, hijos de Jacob, no habéis sido consumidos. —Malaquías 3:6

ORACIÓN

Padre, ayuda a mi familia a temerte por encima de todo lo demás, reverenciando tu nombre y recordando que tú nos amas en gran manera, que cuidas de nosotras, y que podemos confiar en tu carácter. Consuélanos con el conocimiento de que tú serás siempre el mismo, y que nuestras decisiones estén basadas en esa verdad. En el nombre de Jesús, amén.

PIENSA

ORA

ALABA

PENDIENTES   LISTA DE ORACIÓN

PREGUNTAS PARA UNA REFLEXIÓN MÁS PROFUNDA

1. Permíteme llevar el mensaje de hoy un paso más allá. No creo que la única razón por la que se nos hace difícil ser pacientes es porque nos hemos olvidado de cómo es el carácter de Dios. Creo que la razón por la que se nos hace

difícil vivir una vida cristiana, en todas sus facetas, es que olvidamos constantemente quién es Dios. El propósito de esta segunda parte del devocional es recordarnos eso precisamente. ¿Qué cualidades del carácter de Dios, de las que ya has estudiado, han sido más importantes para ti hasta ahora?

2. Describe algunas maneras prácticas en las que tú y tu familia pueden recordar quién es Dios. Echa un vistazo a la página web de Million Praying Moms (www.millionprayingmoms.com) si necesitas ayuda.

Día 24

EL SEÑOR LO SABE TODO

Oh Jehová, tú me has examinado y conocido.
Tú has conocido mi sentarme y mi levantarme; has entendido
desde lejos mis pensamientos. Has escudriñado mi andar y mi
reposo, y todos mis caminos te son conocidos.
—Salmos 139:1-3

En lo personal, una de las cosas que más me cuesta de vivir mi fe es lo desconocido. En muchos sentidos nuestra fe es ciega, pero aun así, Dios nos pide que confiemos en lo que no podemos ver, sabiendo que Él lo ve todo.

Una vez trabajé para un CEO que me dijo que quería vivir constantemente de manera que, si Dios no intervenía, no ocurriera nada. Eso, al principio no me gustó. En ese entonces era bastante joven y me parecía demasiado arriesgado e inestable; yo quería estar segura. Quería ver un camino claro en lo que estaba por venir, y quería saber *exactamente* lo que me encontraría en ese camino.

Lo que quería decir mi CEO era que deseaba estar plenamente comprometido con Dios y depender totalmente de Él, de manera que toda su existencia, sus victorias y éxito dependieran de que Dios cumpliera sus promesas. Yo creía en las promesas de Dios; solo que mi fe tenía la vista muy corta y me faltaba la experiencia con Dios para confiar completamente en Él. Sabía que Proverbios 3:5-6 dice: *Fíate de Jehová de todo tu corazón, y no te apoyes en tu propia prudencia. Reconócelo en todos tus caminos, y él enderezará tus veredas.*

En ese momento yo confiaba en Dios con lo que pensaba que era todo mi corazón, pero no me daba cuenta de que lo más probable era que fuera descubriendo el camino paso a paso, o que Dios podría pedirme que diera pasos de fe sin saber a dónde iba.

Ese mensaje de dependencia intencional de las promesas de Dios nunca se me ha olvidado, y nunca ha habido un área de mi vida en el que haya sentido que aplica más que la maternidad. La oración es la intersección del corazón de una madre y la provisión de Dios. Es su declaración, salvaje y libre, de que si Dios no interviene, no puede ocurrir nada.

+ Ella sabe que no existen fórmulas para criar hijos buenos y temerosos de Dios.

+ Ella sabe que hasta sus mejores esfuerzos podrían no ser suficientes.

+ Ella sabe que no puede controlar todo lo que entra en las vidas de sus hijos.

+ Ella sabe que puede confiar en que Dios sabe cuál es el camino correcto y hará que su familia permanezca en él.

+ Ella sabe que necesita desesperadamente la bondad de Dios, y que puede confiar en que Él cumplirá sus promesas, aunque no pueda verlas ahora mismo o tenga que esperar para ver el fruto de su oración y trabajo duro.

+ Ella sabe que no lo sabe todo… así que ora al Dios que sí lo sabe.

PARA PENSAR

El rey David, que escribió el pasaje de hoy y muchos otros salmos, fue un hombre que tomó muchas decisiones, tanto buenas como malas, sin saber lo que ocurriría. Estas son solo algunas de las buenas:

+ Fue ungido rey y después sirvió al rey Saúl en su palacio, sin saber cómo sería recibido o cuándo tomaría el trono.

+ Se enfrentó al gigante filisteo Goliat con tan solo unas pocas piedras y una onda, atacando con la confianza puesta en lo que Dios *podía* hacer, pero sin saber lo que realmente *haría*.

* Huyó de la presencia de Saúl y vivió en cuevas después de que Saúl intentara matarlo varias veces.

* Decidió no matar a Saúl cuando tuvo la oportunidad, porque eso habría deshonrado a Dios.

La lista de otros personajes bíblicos que decidieron confiar en el Dios que lo sabe todo sin saber mucho acerca de sí mismos es infinita. Abraham, Sara, Pablo, Ananías, y muchos otros pusieron su fe en Dios a pesar del precio personal que tuvieron que pagar, y Dios cuidó de ellos. Cuando me veo tentada a ir a lo seguro o a estresarme porque no conozco o no puedo controlar el futuro de mi familia, pienso en estas historias y me lleno de fe. Recuerdo lo que *sí* sé y oro para que Dios se encargue de lo que no sé.

Podemos ser pacientes porque Dios conoce el futuro, y podemos confiar en que sus promesas para nosotras son buenas.

MÁS VERSÍCULOS PARA ESTUDIAR Y ORAR

Génesis 15:13-16; Hechos 9:10-19

VERSÍCULO DEL DÍA

Oh Jehová, tú me has examinado y conocido. Tú has conocido mi sentarme y mi levantarme; has entendido desde lejos mis pensamientos. Has escudriñado mi andar y mi reposo, y todos mis caminos te son conocidos. —Salmos 139:1-3

ORACIÓN

Padre, confieso que no me gusta no saber. Desearía poder ver el cuadro completo como lo haces tú. Sé que estás haciendo crecer mis músculos de la fe, Señor, y sé que puedo confiar en que tú ves lo que yo no puedo ver. Ayúdame a recordar lo que sé que es cierto acerca de ti, y hazme más parecida a los hombres y las mujeres de la Biblia que pusieron su fe en ti. En el nombre de Jesús, amén.

PIENSA

_____

_____

_____

ORA

_____

_____

_____

ALABA

_____

_____

_____

PENDIENTES   LISTA DE ORACIÓN

_____   _____

_____   _____

_____   _____

PREGUNTAS PARA UNA REFLEXIÓN
MÁS PROFUNDA

1. ¿Hay algo en lo cual Dios te está pidiendo que confíes en
    Él ahora mismo?

_____

_____

_____

2. ¿Qué te está impidiendo caminar en obediencia? Lee algunos de los versículos adicionales para estudiar y orar, y pídele a Dios que te llene de la fe que necesitas para hacer lo que Él te ha llamado a hacer.

_____

_____

_____

Día 25

EL SEÑOR TIENE EL CONTROL

Porque en él fueron creadas todas las cosas, las que hay en
los cielos y las que hay en la tierra, visibles e invisibles; sean
tronos, sean dominios, sean principados, sean potestades; todo
fue creado por medio de él y para él. Y él es antes de todas las
cosas, y todas las cosas en él subsisten.
—Colosenses 1:16-17

Cuando mis hijos eran muy pequeños, recuerdo sentir la necesidad de tener el control de todo, y quiero decir *todo*: el horario familiar, el estado de la casa, la lavadora de ropa, mi trabajo, la supervivencia de los niños, mis emociones, las comidas, las compras, y así de cada cosa. No quiero insinuar que mi esposo no hacía nada por nuestra familia; de ninguna manera. Por supuesto que lo hacía. De hecho, es uno de los papás más involucrados que conozco; pero su implicación en las vidas de nuestros hijos no impedía que yo *sintiera* que todo dependía de mí. Seguro que te sientes identificada. Incluso ahora que tengo hijos adolescentes que son mucho más autosuficientes y capaces de aportar a la familia, sigo sintiendo que soy yo la que hace que todos los platos sigan girando en el aire y que, si dejo de hacerlo, todo se vendrá abajo.

Recuerdo una tarde específica cuando esta situación llegó a su punto crítico. Mi pobre esposo regresó del trabajo y se encontró la casa hecha un desastre: sin cena preparada y una esposa que ese día estaba agotada por los niños. Sé que su intención no era insultarme o añadir más presión, pero sus comentarios acerca de esas cosas me hicieron sentir que él estaba decepcionado conmigo. De hecho, hasta el día de hoy, cuando hace un comentario de que la casa está desordenada me lo tomo personal. No puedo evitarlo. Él solo está haciendo un comentario (¡y un comentario certero, todo sea dicho!), pero cuando siento el peso de la responsabilidad, aunque trabajo casi lo mismo que él, me lo tomo personal.

Añadamos a eso el hecho de que mi suegra trabajó a tiempo completo fuera de su hogar durante la mayor parte de su vida, tenía *tres* hijos, y aun así conseguía mantener la casa impecable. Ella era la mujer maravilla y crio un hijo increíble. Pero yo me sentía inferior a ella en este sentido, como si nunca pudiera llegar a cumplir ese estándar. Esa noche, le dije exactamente cómo me sentía. Le hice saber que me era imposible tenerlo todo tan controlado como él quería que lo hiciera, y que posiblemente nunca llegaría a ser la esposa y madre que él quería que fuera. También le dije que tendría que acostumbrarse a ello porque mis mejores esfuerzos seguían quedándose cortos.

Pobre hombre. La verdad es que no merecía las palabras que le dije esa noche, y él nunca me había dicho que quería que yo fuera alguien diferente a quien era. Simplemente le tocó estar ahí cuando yo me estaba desmoronando.

PARA PENSAR

Si alguna vez hubo una persona que merecía sentir que todo se estaba desmoronando a su alrededor fue el apóstol Pablo mientras escribía la carta a los Colosenses. Esta carta de Pablo a la joven iglesia en Colosas se considera una de las *epístolas de la prisión*, y la escribió mientras estaba encarcelado en Roma por primera vez. De hecho, Pablo escribió varias cartas durante ese encarcelamiento, incluyendo Efesios, Filipenses y Filemón. ¡Supongo que podemos decir que eso es sacar lo mejor de una mal situación!

Pablo creía firmemente que cualquier situación a la que tuviera que enfrentarse, ya fuera en abundancia o en escasez, venía directamente de parte de Dios. Aprendió a confiar en Dios o a contentarse en todas ellas; sabía que Dios era quien sostenía su vida, y no él mismo.

Voy a decir eso de nuevo para todas las mamás que están leyendo estas palabras y que a veces se han sentido igual que yo. *Tú no eres la que sostiene todo y tiene el control, sino Dios.* Sí, sé que tienes responsabilidades y cosas anotadas en tu lista de pendientes que tienes que hacer, pero no cedas ante la presión de ser quien no debes ser. Dios te sostiene, mamá.

Mi amiga y compañera escritora, Stacey Thacker, escribe:

Es posible ser abrumados por la verdad de quién es Jesús en lugar de ser abrumados por la vida. Podemos permanecer firmes sabiendo que Él es poderoso e inmutable. Él puede con cualquier cosa que enfrentemos en nuestro día a día.[16]

Él está en control aun en medio de las peores circunstancias y los días más difíciles. Sus manos poderosas, fuertes y capaces nos sostienen.

Como Pablo en la cárcel, enfócate en quién es Dios en lugar de pensar en tus circunstancias. Confía en que, cualquiera que sea la situación que te rodea, Él está a tu lado listo para encontrarte y ayudarte a manejarlo. Podemos ser pacientes y quitarnos la presión de tener que hacerlo todo bien, porque Dios está en control y sostiene nuestras vidas.

MÁS VERSÍCULOS PARA ESTUDIAR Y ORAR

Salmos 63:8; Filipenses 4:13

VERSÍCULO DEL DÍA

Porque en él fueron creadas todas las cosas, las que hay en los cielos y las que hay en la tierra, visibles e invisibles; sean tronos, sean dominios, sean principados, sean potestades; todo fue creado por medio de él y para él. Y él es antes de todas las cosas, y todas las cosas en él subsisten. —Colosenses 1:16-17

---

16. Stacey Thacker y Brooke McGlothlin, *Hope for the Weary Mom: Let God Meet You in the Mess* (Eugene, OR: Harvest House Publishers, 2012), p. 110.

ORACIÓN

Padre, no puedo evitar sentir que yo soy la que sostiene o tiene el control de mi familia, pero tu Palabra dice que no es así. Sé que mi rol como mamá es importante, pero te pido que me ayudes a verme a mí misma como verdaderamente soy: sostenida completamente por tus manos fuertes y poderosas. En el nombre de Jesús, amén.

PIENSA

ORA

ALABA

PENDIENTES

LISTA DE ORACIÓN

PREGUNTAS PARA UNA REFLEXIÓN MÁS PROFUNDA

1. Confiesa. ¿Cuándo fue la última vez que sentiste la presión de tenerlo todo bajo control o sostener a tu familia?

_____

_____

2. La sensación que acompaña a esta presión es sofocante, pero saber que Dios nos sostiene en sus manos poderosas nos hace sentir algo completamente diferente. ¿Qué te hace sentir a ti?

_____

_____

_____

Día 26

EL SEÑOR ES SABIO

Y si alguno de vosotros tiene falta de sabiduría, pídala a Dios, el
cual da a todos abundantemente y sin reproche, y le será dada.
—Santiago 1:5

No hay duda de que criar hijos hoy en día es radicalmente diferente a como fue para mis padres en la década de los noventa. Los problemas son similares (preguntas acerca de la identidad, respuestas emocionales, influencia, presión social, y resultado académico), pero la forma en que los niños tienen que lidiar con ellos en la actualidad cambió para siempre con los avances tecnológicos y el internet. Muchas veces me encuentro con mamás frustradas que intentan manejar las cosas en un mundo al que ni siquiera tuvieron acceso cuando eran niñas.

Cuando yo estaba en la secundaria, si otro niño era cruel conmigo por lo menos tenía el santuario de mi casa para refugiarme de ellos durante una tarde, un fin de semana, o el verano. Ahora, los niños crueles persiguen a nuestros hijos hasta nuestras casas, a sus cuartos, y hasta los rincones más profundos de su corazón. Todo lo que hacen tiene el potencial de ser grabado y compartido en todo el mundo, y un pequeño tropiezo o una caída puede perseguir a nuestros hijos para siempre por medio de fotos, videos, comentarios, emojis o memes. Su valía y su autoestima pueden ser pisoteadas por el número de personas que ven o dan me gusta a lo que comparten.

No es de extrañar que nosotras las mamás muchas veces no sepamos qué hacer. He perdido la cuenta del número de veces que mis dos hijos llegaron a casa contando un problema que mi esposo y yo realmente no sabíamos cómo manejar porque nunca experimentamos eso de ese modo. Ser padres en la era de la tecnología ha traído consigo una serie de retos completamente nuevos. Somos pioneras, amigas; pioneras que tienen que confiar en la Palabra de Dios ahora más que nunca.

No, no hay ningún libro, capítulo o versículo de la Biblia que nos diga cuánto tiempo de pantalla deberían tener nuestros adolescentes, o si nuestra hija de diecisiete años debería tener acceso a su teléfono celular en su cuarto en la noche. En Apocalipsis no hay ninguna sección de normas que diga qué videojuegos pueden jugar, y la realidad es que no tenemos aún investigaciones a largo plazo acerca de cómo todo esto afectará a sus cerebros a medida que maduran para convertirse en adultos. Da miedo. Cerca del 99.9 por ciento de las veces siento que tengo falta de sabiduría. Sencillamente no sé qué hacer.

Por eso estoy tan agradecida por el versículo de hoy. Las primeras nueve palabras: *Y si alguno de vosotros tiene falta de sabiduría*, dejan claro que Dios me está hablando a mí directamente. Amiga, no me da vergüenza admitirlo: ¡necesito toda la sabiduría posible! Gloria a Dios por el resto del versículo que me da el consuelo de saber que Dios no me dejará ahí a mi suerte. Mi Dios dice que lo único que tengo que hacer es pedirle sabiduría y Él, que es el autor de la sabiduría, me la dará. Y no solo un poco… no, mi Dios reparte sabiduría con generosidad y sin reservas a sus hijas amadas.

Esa es la mejor noticia que podemos recibir como mamás.

PARA PENSAR

¡Oh profundidad de las riquezas de la sabiduría y de la ciencia de Dios! ¡Cuán insondables son sus juicios, e inescrutables sus caminos!   (Romanos 11:33)

Querida amiga, no es solo que el Señor sabe *más* que nosotras; es que Él es *sabio*. Él lo sabe todo. Para mí, una de las cosas más emocionantes de ser una mujer de oración, una mamá que ora, es servir al Dios que me dará todo lo que necesito para hacer lo que Él me ha llamado hacer.

En el tiempo reciente, mis oraciones pidiendo sabiduría han sido cortas y dulces. Mi ruego al Dios de la sabiduría inescrutable es solo una palabra:

Muéstrame.

Muéstrame, Señor, cuál debería ser mi próximo paso. Muéstrame, Señor, el camino correcto para mi hijo. Muéstrame, Señor, cómo suplir esta necesidad. Muéstrame, Señor, las cosas que están ocultas y que necesito ver. Señor, muéstrame.

MÁS VERSÍCULOS PARA ESTUDIAR Y ORAR

Proverbios 1:19-20; Romanos 11:33

VERSÍCULO DEL DÍA

Y si alguno de vosotros tiene falta de sabiduría, pídala a Dios, el cual da a todos abundantemente y sin reproche, y le será dada.

—Santiago 1:5

ORACIÓN

Muéstrame, Señor. Dame sabiduría en este momento, para este día y para un tiempo como este. Ayúdame a recordar que debo pedírtela y esperarla, porque tu sabiduría es mucho más amplia y mucho mejor que la mía. En el nombre de Jesús, amén.

PIENSA

_____

_____

_____

ORA

_____

_____

_____

ALABA

_____
_____
_____

PENDIENTES   LISTA DE ORACIÓN

_____   _____
_____   _____
_____   _____

PREGUNTAS PARA UNA REFLEXIÓN MÁS PROFUNDA

1. ¿Te ha pasado alguna vez que no has sabido qué decir a tus hijos o a tus seres queridos cuando han acudido a ti en busca de sabiduría?

_____
_____
_____

2. Intenta poner en práctica el versículo del día a cada momento. Cuando necesites sabiduría, pero no la tengas, ora diciendo: "Muéstrame, Señor". Puede que no ocurra en el momento, pero según la Palabra de Dios, ocurrirá. ¡Confía en ello! ¡Espéralo!

_____
_____
_____

Día 27

EL SEÑOR ES AMOROSO

Mira que te mando que te esfuerces y seas valiente; no temas ni desma-
yes, porque Jehová tu Dios estará contigo en dondequiera que vayas.
—Josué 1:9

Sus grandes ojos color café se clavaron en los míos; tenía miedo
y muchas preguntas. Después de cuatro años de escuela en casa (lo
único que había conocido) mi hijo pequeño y su hermano mayor iban
a ir a la escuela. El hermano mayor, que era el sociable, estaba emocio-
nado por ir, listo para hacer nuevos amigos y vivir nuevas aventuras;
sin embargo, mi pequeño no estaba tan seguro de hacer ese cambio.
De hecho, la noche anterior me preguntó si lo estaba castigando.
¿Acaso había hecho algo mal y por eso yo lo alejaba de mí? ¿Y por qué
su papá ya no vivía con nosotros? ¿Había hecho él algo mal?

Tranquila, no había problemas en mi matrimonio. Nos habíamos mudado, y a mi esposo no le concedieron el traslado en su trabajo
tan pronto como esperábamos. De hecho, los niños y yo vivimos sin él
un año. Nuestros dos hijos (esos muchachos escandalosos, agresivos e
impulsivos) estaban acostumbrados a tener acceso a su papá siempre
que quisieran, así que se les hizo difícil hacer vida sin él. Por primera
vez sentí que el Señor nos guiaba a tomar un camino diferente en su
educación, y aunque para mi hijo pequeño fue difícil de entender, para
mí fue más difícil dejarlo ir. La noche antes de dejarlo en la escuela
por primera vez, lloró mientras yo le ayudaba a acostarse. Después de
ese día, cada noche durante al menos un mes se colaba en mi cama,
se tumbaba a mi lado, y me decía lo mucho que extrañaba a su papá.

Lo que necesitaba era sentir la seguridad de mi presencia; quería saber que yo estaba cerca y que él era amado. Su seguridad estaba basada en mi amor y cuidados incondicionales. A falta de todo lo que le era familiar (lo que antes le había dado estabilidad), necesitaba estar cerca de lo que no había cambiado.

Por suerte, el Señor le dio a este hijo mío un grupo de buenos amigos, así que tan solo unas semanas después ya tenía ganas de ir a la escuela. También aprendió a comportarse en un salón de clase.

Si soy sincera, mi corazón todavía se duele un poco por ello. Sigo sintiéndome como una mamá que hace escuela en casa y cuyos hijos, casualmente, están en la escuela pública. Durante el tiempo en el que como familia estábamos en proceso de ajuste y mi hijo necesitaba estar cerca de mí, yo también necesitaba estar cerca de lo que era verdadero y familiar.

Necesitaba estar cerca de Dios; necesitaba saber que era amada.

PARA PENSAR

En el primer capítulo del libro de Josué vemos que Moisés, el hombre que había guiado al pueblo de Dios a la tierra prometida, había muerto y Josué había sido elegido para tomar su lugar. En esa transición, cuando Dios le dijo a su pueblo que entrara a la tierra que Él les había entregado, les hizo un recordatorio que tenía el fin de asegurarles su cuidado.

Esfuérzate y sé valiente; porque tú repartirás a este pueblo por heredad la tierra de la cual juré a sus padres que la daría a ellos. Solamente esfuérzate y sé muy valiente, para cuidar de hacer conforme a toda la ley que mi siervo Moisés te mandó; no te apartes de ella ni a diestra ni a siniestra, para que seas prosperado en todas las cosas que emprendas. Nunca se apartará de tu boca este libro de la ley, sino que de día y de noche meditarás en él, para que guardes y hagas conforme a todo lo que en él está escrito; porque entonces harás prosperar tu camino, y todo te saldrá bien. Mira que te mando que te esfuerces y seas valiente;

no temas ni desmayes, porque Jehová tu Dios estará contigo en
dondequiera que vayas.   (Josué 1:6-9)

La mañana que mi hijo de los ojos color café me dejó para ir a la
escuela por primera vez, le recité Josué 1:9. De hecho, le había com-
prado una camiseta con ese versículo, y se la ponía bastante a menudo.
Yo le recordé que, aunque no pudiera estar con él durante ese día en
la escuela, el Señor estaría con él dondequiera que fuera y que podía
ser fuerte y valiente por ello. Incluso cuando se sintiera débil, no tenía
por qué tener miedo, porque el Señor su Dios nunca lo dejaría.

En este breve pasaje de solo tres versículos, Dios le dice a su
pueblo que sea fuerte y valiente tres veces. ¿Por qué? Porque en ese
momento de incertidumbre, cuando lo que habían conocido durante
tanto tiempo estaba cambiando, necesitaban recordar y estar cerca de
lo que era verdadero y familiar.

Necesitaban estar cerca de Dios; necesitaban saber que eran
amados. Dios iba a estar con ellos y nunca los iba a dejar. Él los amaba,
y eso nunca cambiaría.

Podemos ser pacientes, fuertes y valientes porque el Señor nuestro Dios está con nosotras dondequiera que vayamos.

MÁS VERSÍCULOS PARA ESTUDIAR Y ORAR

Lee sobre el cuidado que Dios tuvo por su pueblo a lo largo de
todo el libro de Josué.

VERSÍCULO DEL DÍA

Mira que te mando que te esfuerces y seas valiente; no temas ni
desmayes, porque Jehová tu Dios estará contigo en dondequiera
que vayas.   —Josué 1:9

ORACIÓN

Padre, gracias por cómo nos cuidas a mí y a mi familia.
Cuando todo sea diferente; lo que ha sido estable, cambie,
y nos preguntemos qué será de nosotros, recuérdanos lo

mucho que nos amas y ayúdanos a confiar en ti en lo que
venga. En el nombre de Jesús, amén.

PIENSA

_____

_____

_____

ORA

_____

_____

_____

ALABA

_____

_____

PENDIENTES   LISTA DE ORACIÓN

_____   _____

_____   _____

_____   _____

PREGUNTAS PARA UNA REFLEXIÓN
MÁS PROFUNDA

1. ¿Has vivido alguna temporada en la que las cosas eran
    inciertas y todo cambió?

_____

_____

_____

2. ¿Cuál es tu lugar seguro? Cuando las cosas parecen estar del revés, ¿hay algún lugar donde acudes y que renueva tus fuerzas? ¿Cómo puedes invitar a Dios a ir contigo a ese lugar?

_____

_____

_____

EL SEÑOR ES COMPASIVO

¡No! Oh pueblo, el Señor te ha dicho lo que es bueno, y lo que él exige de ti: que hagas lo que es correcto, que ames la compasión y que camines humildemente con tu Dios.
—Miqueas 6:8 (NTV)

Me resulta increíble cuán fácil es para el pueblo de Dios olvidar todo lo que Él ha hecho por ellos.

Durante nuestro tiempo juntas en este devocional, he compartido que mi hijo mayor pasó por una decepción y un contratiempo importantes durante su último año de secundaria. Gracias a Dios, después de pasar siete meses en rehabilitación y fisioterapia intensa antes de retomar el deporte, pudo comenzar su último año de secundaria jugando al béisbol. Sin embargo, con solo diecisiete años le falta la experiencia, la perspectiva, o el historial con Dios que yo tengo para poder procesar lo que ocurrió desde una perspectiva espiritual. Él no tiene innumerables historias de cómo Dios abrió un camino o una puerta en el momento preciso; aparte de este incidente concreto, no puede mirar atrás y recordar aquel momento en el que su necesidad era inmensa y no había respuesta posible, pero Dios intervino.

Pero yo sí.

Mientras ayudamos a nuestro hijo a procesar este contratiempo e intentamos ayudarlo a confiar en Dios en medio de él, yo tiré de mis propios recuerdos acerca de la provisión de Dios. Confío más en Dios ahora que cuando tenía su edad porque lo he visto abrir un camino para mí una y otra vez. No siempre ha sido como esperaba, y a veces de maneras que a mí no me gustaban o que no quería, pero Él nunca me ha decepcionado. Tengo un sinfín de ejemplos que puedo compartir de cómo Dios hizo algo que yo nunca hubiera podido hacer; cosas que yo no habría podido hacer que ocurrieran incluso si lo hubiera intentado.

Pero, a veces, y para mi vergüenza lo digo, sigo olvidando recordarlas.

No estoy segura de por qué me resulta tan fácil olvidar, pero sí sé que, cuando me siento ansiosa, impaciente, temerosa o preocupada por mi futuro, es porque no he recordado las formas en que Dios nos ha cuidado a mí y a mi familia en el pasado. Cuando nuestro primer hijo se lesionó, la tristeza y la frustración inundaron mi corazón. Sencillamente no podía creer que Dios permitiera que le ocurriera algo así después de todo lo que había luchado por su sueño de jugar al béisbol en la universidad. De hecho, recuerdo decirles tanto a mi esposo como al Señor: "¿Cómo es posible que este sea el final de su historia? ¡No puede ser!".

En mi corazón sabía que Dios no había terminado. La historia de nuestro hijo aún está muy lejos de su final, pero yo aparté mis ojos de lo que sé acerca del Dios al que sirvo, y durante algunos días me enfoqué en lo temporal, lo que podía ver con mis ojos. Esos días estuvieron llenos de inquietud, confusión y muchas lágrimas.

PARA PENSAR

La situación en la que se encontraba el pueblo de Dios en el libro de Miqueas es exactamente la misma. Los israelitas habían recibido una y otra vez instrucciones que debían recordar. Solamente en el libro de Éxodo, Moisés les había dicho una y otra vez que recordaran todo lo que Dios había hecho; les habló de la provisión constante de Dios. En Miqueas 6:3-5 Dios parece estar rogándoles que se acuerden de Él:

Pueblo mío, ¿qué te he hecho, o en qué te he molestado? Responde contra mí. Porque yo te hice subir de la tierra de Egipto, y de la casa de servidumbre te redimí; y envié delante de ti a Moisés,

*a Aarón y a María. Pueblo mío, acuérdate ahora qué aconsejó
Balac rey de Moab, y qué le respondió Balaam hijo de Beor, desde
Sitim hasta Gilgal, para que conozcas las justicias de Jehová.*

Aunque Dios había hecho por ellos lo que no podían hacer por sí
mismos, se olvidaron de Él una y otra vez; sin embargo, Dios siguió
siendo compasivo con ellos.

Ser compasivo es mostrar misericordia o perdón a alguien a
quien tenemos el poder de castigar o lastimar. Por supuesto que Dios
tenía el poder para destruir a los israelitas, y hubo momentos en los
que *sí* permitió que fueran castigados o incluso lastimados como con-
secuencia del pecado y de sus malas decisiones.

El accidente de béisbol que sufrió nuestro hijo no fue un castigo,
pero sí un duro recordatorio de que no tenemos control sobre nuestras vidas. En cualquier momento, Dios puede redirigirnos o permitir que cosas difíciles se crucen en nuestro camino; pero es ahí donde
entra en juego el poder de recordar. Nos ayuda a seguir creyendo que,
lo que Dios hizo una vez, puede hacerlo de nuevo.

Podemos ser pacientes porque nuestro Dios está lleno de misericordia, de compasión y de perdón; Él abre un camino para nosotras
incluso cuando nosotras nos olvidamos de Él.

MÁS VERSÍCULOS PARA ESTUDIAR Y ORAR

Deuteronomio 8

VERSÍCULO DEL DÍA

*¡No! Oh pueblo, el Señor te ha dicho lo que es bueno, y lo que él
exige de ti: que hagas lo que es correcto, que ames la compasión y
que camines humildemente con tu Dios.* —Miqueas 6:8, NTV

ORACIÓN

Padre, gracias por ser tan compasivo. Cuando se me olvida
lo que has hecho por mí, tú me lo recuerdas con amor y

delicadeza. Me has dado tu Palabra, que está llena de historias que muestran tu provisión. Ayúdame a creer que, lo que tú hiciste una vez, puedes hacerlo de nuevo. En el nombre de Jesús, amén.

PIENSA

ORA

ALABA

PENDIENTES   LISTA DE ORACIÓN

PREGUNTAS PARA UNA REFLEXIÓN MÁS PROFUNDA

1. Piensa en un momento en el que sentiste ansiedad porque el futuro era incierto o porque enfrentaste una situación muy difícil. Ahora, recuerda las cosas que Dios ha hecho en tu vida a lo largo de los años. Si no recuerdas mucho,

examina las Escrituras para descubrir lo que Dios ha hecho en las vidas de otros. Deuteronomio 8 es un buen punto de partida.

_____

_____

_____

2. Cuando decides llenar tu mente con lo que Dios ha hecho, ¿qué cambia en tus emociones? ¿Qué cambia en la manera en que ves lo que ocurre a tu alrededor?

_____

_____

_____

Día 29

EL SEÑOR ES FUERTE

*Jehová el Señor es mi fortaleza, el cual hace mis pies como de
ciervas, y en mis alturas me hace andar.*
—Habacuc 3:19

"Mi Dios es tan *grande*, tan *fuerte* y *potente*; no hay nada que Él
no pueda hacer".

Cuando mis hijos eran muy pequeños les enseñé esta canción
que se llama *Mi Dios es tan grande*, de un CD de los *VeggieTales*. El
recuerdo de sus pequeños brazos abiertos para demostrar la gran-
deza de Dios, flexionando sus músculos para mostrarme su fuerza y
diciendo "no" con los dedos para decir que no hay nada que su Dios no
pudiera hacer, estará grabado en mi memoria para siempre.

Cuando eran pequeños, creo que veían a Dios como un superhéroe. Mis hijos estaban obsesionados con las capas; no había día en el
que no tuvieran una manta atada alrededor del cuello. Incluso hacías
las tareas de la escuela en casa con la capa puesta, y yo nunca les dije que
dejaran de hacerlo. Se ponían capas para ir al supermercado, para salir
a cenar, y para sentarse a la mesa a comer. Era una de esas cosas que yo
sabía que se les quitaría cuando se hicieran grandes, así que no les decía
nada. Es fácil ver por qué les fue tan sencillo asociar esas palabras de la
canción de los *VeggieTales* con lo que creían acerca del Dios que los creó.

Supongo que Dios es como el superhéroe supremo; crea vida de
la nada, aniquila el mundo para comenzar de nuevo, divide los mares,
hace que grandes peces se traguen hombres y luego los escupan en

la orilla, y todas las demás cosas asombrosas que Él ha hecho. Las historias bíblicas que solemos enseñarles a nuestros hijos hacen a Dios parecer exuberante; y lo es. Cuando Él obre lo hará de forma poderosa, incluso tal vez hasta de manera tan dramática como con Adán y Eva, Noé, Moisés, y Jonás. Pero la realidad es que tenemos que aprender a ver a Dios como el héroe de nuestro día a día, y no solo de las grandes historias de la Biblia.

El libro *Pies de ciervas en los lugares altos*[17] es una alegoría que esconde un significado más profundo. Se basa en el versículo de hoy, Habacuc 3:19. La historia tiene la intención de enseñarnos acerca de los altibajos, las dificultades y las victorias de caminar toda una vida con Cristo, madurando por el camino.

A lo largo del libro, la protagonista, que se llama *Muy Asustada*, lucha para mantener la calma y confiar en el Señor mientras enfrenta muchas cosas difíciles y aterradoras. Al principio hace todo principalmente en sus propias fuerzas; pero a lo largo de la historia aprende cuáles son sus limitaciones y lo mucho que necesita al Rey. Debe sobrevivir a algunas experiencias imponentes, aterradoras y difíciles, pero también a inconvenientes cotidianos y retos diarios en su relación con los demás, todo ello mientras aprende a confiar en que Dios tiene una perspectiva más amplia (el lugar más alto) que la suya.

Después de llegar a determinado nivel, *Muy Asustada*, que ahora se llama *Gracia y Gloria*, echa la vista atrás a todo lo que atravesó y las cosas a las que ha sobrevivido. Ahora puede ver de manera muy clara todo lo que sucedió, como si le hubieran puesto lentes y pudiera ver perfectamente por primera vez.

PARA PENSAR

En el capítulo 19, *Gracia y Gloria* y sus sirvientas *Gozo y Paz* pasan varias semanas explorando las alturas y aprendiendo del Rey:

Ahora era perfectamente evidente que las posibilidades eran infinitas e iban mucho más allá de lo que hubieran podido

---

17. Hannah Hurnard, *Hinds' Feet on High Places* (Carol Stream, IL: Tyndale Momentum, 1979).

soñar cuando estaban aún abajo en los estrechos valles, que tanto limitaban sus vistas. A veces, cuando miraba el glorioso panorama visible desde estas laderas que aún eran las más bajas del Reino del Amor, se sonrojaba… lo que antes habían podido ver era muy reducido, y se dio cuenta de lo inconscientes que eran de todo lo que había por encima y más allá. Si hubieran podido tener estas vistas mientras estaban en el valle, su perspectiva habría sido muy diferente, e incluso ahora se daba cuenta de que aún estas maravillosas laderas solo le permitían ver una esquina del cuadro completo.[18]

Dios nos ha dado a todas nosotras cierta cantidad de fuerza. Todas tenemos habilidades diferentes, pero igualmente valiosas que debemos utilizar para escribir nuestras propias historias. Puede que incluso lleguemos a ser las heroínas de esas historias durante algún tiempo, pero al final llegará el día en el que nos demos cuenta de lo mucho que necesitamos a Jesús. Nos resbalaremos, nos caeremos, y viviremos experiencias imponentes, aterradoras y difíciles que nos mostrarán cuán limitadas estamos. Pero, amigas, esto es *bueno*. Será la ocasión perfecta para que Dios nos muestre cuán grande, fuerte y poderoso es Él. Nuestras fuerzas con el tiempo fallarán, pero las de Dios no. Él nos hará más y más semejantes a sí mismo, dándonos la capacidad de enfrentar cualquier cosa que se cruce en nuestro camino sea grande o pequeña. Podemos ser pacientes porque nuestro Dios es fuerte; Él será nuestra fuerza cuando no tengamos, y eso nos hará crecer.

MÁS VERSÍCULOS PARA ESTUDIAR Y ORAR

2 Corintios 12:9; Efesios 6:10

VERSÍCULO DEL DÍA

Jehová el Señor es mi fortaleza, el cual hace mis pies como de ciervas, y en mis alturas me hace andar.   —Habacuc 3:19

---

18. *Ibid.*

ORACIÓN

Padre, quiero seguirte y creer siempre que tú eres mi héroe. Para hacer eso, tendré que pasar por algunos valles y me tropezaré y caeré por el camino. Ayúdame a confiar en que tú me darás lo que necesite para superar cualquier obstáculo y recorrer el camino que has escogido para mí. En el nombre de Jesús, amén.

PIENSA

_____

_____

_____

ORA

_____

_____

_____

ALABA

_____

_____

_____

PENDIENTES

_____

_____

LISTA DE ORACIÓN

_____

_____

PREGUNTAS PARA UNA REFLEXIÓN
MÁS PROFUNDA

1. ¿Te cuesta más confiar en Dios en las cosas grandes o en las cosas pequeñas del día a día?

_____

_____

2. Algunas veces se me olvida confiar en Dios en momentos cotidianos de mi día a día, pero es ahí donde más crece mi fe. ¿De qué modo puedes invitar a Dios a estar más involucrado en tu vida diaria?

_____

_____

_____

EL SEÑOR VIENE

*Y si me fuere y os preparare lugar, vendré otra vez, y os tomaré
a mí mismo, para que donde yo estoy, vosotros también estéis.*
—Juan 14:3

Mi esposo y yo teníamos asientos de primera fila mientras presenciábamos una situación en la que unos amigos tenían dificultades con el entrenador de su hijo. En su opinión, su hijo no estaba recibiendo la atención que merecía, y según ellos, era pasado por alto y tratado injustamente. Durante toda la temporada el padre del niño no dijo nada, intentó permanecer callado y dejar que el entrenador hiciera su trabajo; sin embargo, después de algún tiempo y muchos partidos, su hijo le dijo: "Papá, quiero que des la cara por mí", y eso fue lo que hizo nuestro amigo.

Durante semanas, el hijo intentó manejar la situación por sí mismo. Hizo todo lo que pudo, pero nada de eso marcaba la diferencia en cómo lo trataba el entrenador. Estando solo se sentía débil e impotente, pero todo eso cambió cuando supo que su papá saldría a su rescate.

Es increíble saber que tu papá viene.

Mientras escribo estas palabras, mi papá tiene ochenta y siete años, y cada momento que puedo compartir con él es un regalo. Atesoro cada festividad en la que está con nosotros e intento respetarlo todo lo que puedo (a veces hasta cuando no tiene razón) porque quiero que, en sus últimos años sobre la tierra, sepa que las personas por las que más luchó lucharán también por él en agradecimiento. A lo largo de los años, mi papá salió a mi rescate infinidad de veces; incluso recientemente. Él ha sido mi confidente, mi consejero, y la persona que yo sabía que estaría conmigo pase lo que pase. Siempre he sabido que saldría en mi defensa si lo necesitaba. Incluso cuando no lo merecía, él seguía rescatándome. Nunca hubo un momento en el que yo lo necesitara y él no estuviera. Pero sé que esta temporada terminará algún día porque la vida es así.

Por suerte, seguiré conservando las lecciones que papá me enseñó y el respaldo de mi Padre celestial. Esa relación no podrá nunca romperse, ser arrebatada o morir.

En Juan 13 y hasta el capítulo 14, Jesús les dice a sus discípulos que su tiempo casi se ha acabado. Pronto los dejaría para regresar al cielo, y eso a ellos les preocupaba porque no podían imaginar la vida sin Él. Pero Jesús les decía que no se preocuparan.

> *En la casa de mi Padre muchas moradas hay; si así no fuera, yo*
> *os lo hubiera dicho; voy, pues, a preparar lugar para vosotros. Y*
> *si me fuere y os preparare lugar, vendré otra vez, y os tomaré a*
> *mí mismo, para que donde yo estoy, vosotros también estéis.*
>
> (Juan 14:2-3)

La paz que obtenemos al saber que Jesús volverá por nosotros es tremenda. Dios Padre enviará a su Hijo a buscar a los que le pertenecen. Él no nos ha dejado solas; simplemente ha ido a preparar un lugar para nosotras. Y, mientras Él está en el cielo, tenemos el regalo del Espíritu Santo para guiarnos y ayudarnos a continuar haciendo su ministerio en la tierra, y hacer "las mismas obras que yo he hecho y aún mayores" (Juan 14:12, NTV).

PARA PENSAR

No sabemos cuándo volverá Jesús por nosotras (ver Marcos 13:32).

No sabemos dónde estaremos cuando Él regrese (ver Lucas 17:34-36).

Oramos para que nuestra familia y nuestros amigos estén entre aquellos por los que Él vuelva... pero no lo sabemos con certeza (ver Mateo 7:21-22).

Pero *sí* sabemos que Él viene.

Podemos ser pacientes, queridas amigas, porque servimos al Señor que volverá y nos llevará para estar con Él en un lugar en el que "ya no habrá muerte, ni habrá más llanto, ni clamor, ni dolor" (Apocalipsis 21:4).

Estamos aquí solo por un tiempo.

Todos estamos aquí de paso.

MÁS VERSÍCULOS PARA ESTUDIAR Y ORAR

Mateo 7:22; Marcos 13:32; Lucas 17:34-36; Apocalipsis 21:4

VERSÍCULO DEL DÍA

Y si me fuere y os preparare lugar, vendré otra vez, y os tomaré a mí mismo, para que donde yo estoy, vosotros también estéis.

—Juan 14:3

ORACIÓN

Padre, gracias por hacernos saber que volverás. Gracias por darles a tus hijos la confianza de saber que tú estás de camino y que tenemos tu respaldo pase lo que pase. Te pertenecemos, y eso lo cambia todo. En el nombre de Jesús, amén.

PIENSA

ORA

_____

_____

_____

ALABA

_____

_____

_____

PENDIENTES   LISTA DE ORACIÓN

_____   _____

_____   _____

_____   _____

PREGUNTAS PARA UNA REFLEXIÓN
MÁS PROFUNDA

1. ¿Piensas mucho en el fuerte apoyo que Dios te ofrece?

_____

_____

2. ¿Permitirás que Dios sea tu Padre en el sentido más verdadero y rico de la palabra?

_____

_____

ACERCA DE LA AUTORA

Brooke McGlothlin recibió su licenciatura en psicología de Virginia Tech y su maestría en consejería de la Universidad Liberty. Durante más de diez años fue directora de servicios clínicos en un ministerio de asistencia al embarazo en su localidad, antes de tomar la mejor decisión de su vida: quedarse en casa con sus hijos. Brooke utiliza su experiencia ministerial para alcanzar a mujeres, escribiendo para traer esperanza a las complicaciones de la vida en medio de las complicaciones de su propia vida.

En 2010, Brooke fue cofundadora de *Raising Boys Ministries* con Erin Mohring, y por más de nueve años equipó a los padres y las madres que tienen hijos varones para criar hijos temerosos de Dios. En 2019 lanzaron un nuevo ministerio llamado *Million Praying Moms*, que existe para ayudar a las mamás a hacer de la oración su primera y mejor respuesta ante los desafíos de la crianza de los hijos.

Ahora, Brooke está frente a *Million Praying Moms* en solitario, y es presentadora del *podcast* de *Million Praying Moms*. La encontrarás escribiendo y creando recursos de oración para las mamás cristianas de hoy en el blog de *Million Praying Moms*. Entre los libros que ha escrito se encuentran *Oraciones diarias para encontrar paz: Devocional de 30 días y diario de reflexiones para mujeres; Praying for Boys: Asking God for the Things They Need Most; Unraveled: Hope for the Mom at the End of Her Rope;* y *Praying Mom: Making Prayer the First and Best Response to Motherhood.*

Brooke, junto a su esposo y sus dos hijos, vive en los montes Apalaches y ha hecho del sudoeste de Virginia su hogar.

Para conectar con Brooke, visita:

www.millionprayingmoms.com
www.brookemcglothlin.net